```
D1689627
```

Verlag | ID: 128-50040-1010-1082

Dieses Buch wurde klimaneutral hergestellt. $CO_2$-Emissionen vermeiden, reduzieren, kompensieren – nach diesem Grundsatz handelt der oekom verlag. Unvermeidbare Emissionen kompensiert der Verlag durch Investitionen in ein Gold-Standard-Projekt. Mehr Informationen finden Sie unter www.oekom.de.

Bibliografische Information der Deutschen Nationalbibliothek:
Die Deutsche Nationalbibliothek verzeichnet diese Publikation in der Deutschen Nationalbibliografie; detaillierte bibliografische Daten sind im Internet unter http://dnb.d-nb.de abrufbar.

© 2013 oekom, München
oekom verlag, Gesellschaft für ökologische Kommunikation mbH,
Waltherstraße 29, 80337 München

Satz und Layout: Reihs Satzstudio, Lohmar
Umschlaggestaltung: Elisabeth Fürnstein, oekom verlag
Umschlagabbildung: Christina Sodenkamp
Druck: Bosch-Druck GmbH, Ergolding

Dieses Buch wurde auf 100%igem Recyclingpapier gedruckt.

Alle Rechte vorbehalten
ISBN 978-3-86581-452-4

Marcel Hunecke

# PSYCHOLOGIE DER NACHHALTIGKEIT

*Psychische Ressourcen für
Postwachstumsgesellschaften*

# Inhaltsverzeichnis

Einleitende Worte ............................... 7

1. Ausgangssituation und Problemstellung .............. 9

2. Integration von Erkenntnissen aus der sozial-ökologischen Forschung, Umweltpsychologie, Positiver Psychologie und ressourcenorientierten Beratung ................. 17

    *Sozial-ökologische Forschung* ......................... 18
    *Umweltpsychologie* ................................. 21
    *Positive Psychologie* ................................ 24
    *Ressourcenorientierte Beratung* ....................... 30

3. Die Genuss-Ziel-Sinn-Theorie des subjektiven Wohlbefindens zur Förderung von immateriellen Zufriedenheitsquellen ............................... 34

    *Begriffliche und empirische Grundlagen* ................. 34
    *Genuss-Ziel-Sinn-Theorie des subjektiven Wohlbefindens* .......... 45

4. Psychische Ressourcen zur Steigerung des subjektiven Wohlbefindens ..................... 52

    *Genussfähigkeit* ................................... 55
    *Selbstakzeptanz* ................................... 60
    *Selbstwirksamkeit* .................................. 63
    *Achtsamkeit* ...................................... 66
    *Sinnkonstruktion* ................................... 70
    *Solidarität* ........................................ 74

**5. Strategien zur Förderung der psychischen Ressourcen für nachhaltige Lebensstile** .........79

    **Individuelle Ebene** .........80
    *Gesundheitsförderung* .........81
    *Coaching* .........83

    **Organisationale Ebene** .........86
    *Schulen* .........87
    *Hochschulen* .........91
    *Unternehmen* .........94
    *Non-Profit-Organisationen* .........97

    **Ebene des Gemeinwesens** .........99

**6. Möglichkeiten und Grenzen der Förderung psychischer Ressourcen für nachhaltige Lebensstile** .........103
    *Psychologistische Perspektivverengung* .........104
    *Mangelnde wissenschaftliche Fundierung* .........106
    *Das rechte Maß an Glück und Zufriedenheit* .........108

    **Literaturverzeichnis** .........110

*Anhang*
**Ansatzpunkte zur Aktivierung der sechs psychischen Ressourcen zur Förderung nachhaltiger Lebensstile** .........120

## *Einleitende Worte*

Die im vorliegenden Buch zusammengetragenen Überlegungen resultieren aus meiner langjährigen Beschäftigung mit dem Thema Nachhaltigkeit, dem ich mich mittlerweile in rund 20 transdisziplinären Forschungsprojekten als Leiter oder Mitarbeiter gewidmet habe. Disziplinär bin ich in der Nachhaltigkeitsforschung durch meine Promotion und Habilitation in der Psychologie sozialisiert. Von meinem Selbstverständnis begreife ich mich aber eher als wissenschaftstheoretisch geschulter Sozial- und Verhaltenswissenschaftler, der das Themenfeld einer nachhaltigen Entwicklung möglichst umfassend erforscht. Dies erfolgt im Einklang mit der Grundannahme der transdisziplinären Nachhaltigkeitswissenschaft, nach der sich Strategien für eine nachhaltige Entwicklung nur auf Grundlage einer integrierten Analyse der Wechselbeziehungen von Natur, Gesellschaft und Individuum ableiten lassen.

Trotzdem wird in dem vorliegenden Buch aus analytischen Gründen stark auf das Individuum im Nachhaltigkeitskontext fokussiert. Anstoß hierfür war die Zusammenarbeit mit der Stiftung Denkwerk Zukunft, die mich beauftragt hat, die psychologischen Einflussfaktoren für eine Orientierung an immateriellen Zufriedenheitsquellen und nachhaltigen Lebensstilen zu benennen. Diese psychologischen Einflussfaktoren – im Folgenden psychische Ressourcen genannt – sollen dazu beitragen, den Menschen unabhängiger von Wirtschaftswachstum und materiellem Konsum zu machen.

In der vorliegenden Analyse wird nicht der Anspruch erhoben, die gesamten Strategien zur Förderung nachhaltiger Lebensstile umfassend zu bearbeiten. Hierfür müsste vor allem die Gestaltung politischer, ökonomischer und kultureller Rahmenbedingungen für eine nachhaltige Entwicklung wesentlich ausführlicher thematisiert werden. Denn nachhaltige Lebensstile werden nicht nur durch das individuelle Verhalten, sondern ebenso durch die natürlichen, sozialen und technologischen Umwelten der individuell Handelnden beeinflusst.

Da dieses Buch auch von Nichtpsychologen gelesen werden wird, droht ein wenig die Gefahr, die hier eingenommene Perspektive und die hieraus abgeleiteten Maßnahmen zur Aktivierung der identifizierten psychischen Ressourcen zu stark nach den eigenen nichtpsychologischen Denk- und Analysekategorien zu bewerten. Hierdurch könnte der Eindruck entstehen, der Mensch sollte im vorliegenden Ansatz auf psychologische Weise zu einem »homo nachhalticus« transformiert oder schlimmer noch manipuliert werden. Dies ist explizit nicht der Fall. Der entwickelte Denkansatz zielt in der Tat darauf ab, psychologisch in Richtung auf eine Förderung immaterieller Zufriedenheitsquellen und damit einer nachhaltigen Entwicklung zu intervenieren. Dies bedeutet aber keineswegs, alle Menschen auf die therapeutische Couch zu zerren oder einer Gehirnwäsche zu unterziehen. Die hier vorgeschlagenen Maßnahmen basieren alle auf Freiwilligkeit und sind im Sinne eines humanistischen Menschenbildes eher als Befähigungs- bzw. Empowermentansätze zu verstehen, die mit den bereits existierenden Ansätzen der Nachhaltigkeitskommunikation vollständig kompatibel sind.

Wem daher als nichtpsychologisch geschulten Leser oder geschulter Leserin bei der Lektüre die in der Analyse eingenommene psychologische Perspektive zu irgendeinem Zeitpunkt nicht behagt, empfehle ich, das letzte Kapitel beim Lesen des Buches vorzuziehen und sich dort über die Grenzen des hier vertretenen Ansatzes zu informieren. Ansonsten hoffe ich, gerade durch diese in der Nachhaltigkeitsforschung noch wenig vertretene psychologische Perspektive neue Denkräume zu öffnen bzw. bereits bestehende Denkräume weiter zu strukturieren, um den Wunsch in Richtung auf nachhaltige Lebensstile in Zukunft auch Wirklichkeit werden zu lassen.

Bochum, im Mai 2013

*Marcel Hunecke*

#  1.
## Ausgangssituation und Problemstellung

Die Diskussion um die Grenzen des Wachstums hat die akademische Sphäre verlassen und erreicht in den früh industrialisierten Ländern zunehmend die breite Öffentlichkeit und politischen Entscheidungsgremien. Ebenso werden für immer mehr Menschen die Auswirkungen des Klimawandels im Alltag unmittelbar erfahrbar, beispielsweise durch die Zunahme von Extremwetterereignissen. In vielen Regionen der Erde werden daher bereits Strategien zur Anpassung an den Klimawandel entwickelt, wohlwissend dass die Folgen des Klimawandels auf Dauer zu kaum beherrschbaren Verwerfungen auf ökologischer, ökonomischer und sozialer Ebene führen werden. Doch nicht nur die Probleme der Umweltzerstörung und Übernutzung natürlicher Ressourcen nähren den Zweifel an der Idee eines stetigen Wachstums des materiellen Wohlstandes. Zusätzlich verunsichert die Instabilität der internationalen Finanzmärkte das Vertrauen in das Wachstumsparadigma ökonomischen Handelns und lässt den Ruf nach alternativen Formen des Wirtschaftens lauter werden. Weiterhin werden in den früh industrialisierten Ländern die psychosozialen Schattenseiten eines am materiellen Wachstum orientierten Wohlstandsmodells zunehmend sichtbar. Die durch Effizienz- und Innovationsdruck erzeugten Stressbelastungen werden dort in großen Teilen der Bevölkerung als ein Verlust an Lebensqualität wahrgenommen und erweisen sich damit als Risikofaktor für die körperliche und psychische Gesundheit. Insgesamt wird hierdurch vor allem in Ländern, die für sich ein hohes Wohlstandsniveau erreicht haben, die Leitbildfunktion des ökonomischen Wachstumsparadigmas zunehmend in Frage gestellt und nach Möglichkeiten des Übergang in eine Postwachstumsgesellschaft gesucht (Jackson, 2009; Miegel, 2011; Paech, 2012).

Dem Leitbild einer nachhaltigen Entwicklung wird bereits seit 20 Jahren eine Orientierungsfunktion für das globale politische Handeln zugeschrieben.

Lange Zeit wurden jedoch einzig Effizienzsteigerungen durch technologische und organisatorische Innovationen in der Nutzung natürlicher Ressourcen als die Lösungsstrategie für die Nachhaltigkeitsproblematik angesehen. Es hat einige Jahre an Erfahrung bei der Umsetzung der Nachhaltigkeitsidee benötigt, um einzusehen, dass die hoffnungsvoll errungenen Effizienzgewinne durch Rebound-Effekte und neu geschaffene Bedürfnisse auf der Nachfrageseite aufgezehrt werden. So ist in absehbarer Zeit nicht damit zu rechnen, dass die Klimaproblematik allein durch technologische oder organisatorische Innovationen gelöst werden kann, wenn nicht parallel grundlegende Veränderungen auf der Nachfrageseite der KonsumentInnen stattfinden. Dieser Gedanke ist nicht grundlegend neu, da kurz nach der Proklamierung der Notwendigkeit einer Effizienzrevolution die Idee einer parallelen Suffizienzrevolution als notwendiges Element einer Nachhaltigkeitsstrategie formuliert worden ist (Sachs, 1993). Doch der Aspekt der Suffizienz ist auffällig stiefmütterlich im wissenschaftlichen Diskurs um die Nachhaltigkeit behandelt worden. So war man sich sehr schnell darüber einig, dass die hiermit verbundenen Konzepte eines »rechten Maßes« leicht mit Begrenzungen und nachfolgend mit Verzicht und Mangel assoziiert werden. Der hierbei drohende moralische Zeigefinger wurde nicht als förderlich für die Kommunikation der Nachhaltigkeitsidee in breite Bevölkerungsschichten angesehen. Stattdessen sollte Nachhaltigkeit mit Spaß, Genuss und Gesundheit in den entsprechenden Kommunikationskampagnen verknüpft werden. Die Idee der Suffizienz wurde in der öffentlichen Diskussion hingegen nicht weiter kultiviert. Erst in den letzten Jahren wird sie wieder zunehmend thematisiert (Stengel, 2011; Linz, 2012), da immer augenfälliger wird, dass die mittlerweile im politischen Kontext quantifizierten Nachhaltigkeitsziele mit technologischen Effizienzstrategien allein nicht zu erreichen sind.

Die Schwierigkeit im Umgang mit der Suffizienz besteht darin, dass sie sich im Gegensatz zu technologischen Innovationen nur sehr eingeschränkt in Geschäftsmodelle überführen lässt. Ein »Weniger ist Mehr« an Konsum bietet nur in gehobenen und damit zahlenmäßig kleinen Käufersegmenten Vermarktungschancen, wenn die bessere Qualität der Produkte den hierfür anfallenden höheren Anschaffungskosten auch tatsächlich entspricht. Weiterhin erfordert die Suffizienzstrategie Veränderungen in sozialkulturellen Bewertungsmustern, die bedeutend schwieriger zu initiieren sind als ökonomische und technologische Innovationsprozesse einzuleiten. In demokratisch organisierten Gesellschaften lassen sich Prozesse des sozialen Wandels dauerhaft nur auf reflexive Weise erreichen, das heißt diese müssen einer rationalen Argumentation zugänglich sein, erfordern Freiwilligkeit, benötigen Zeit und können unter Umständen etablierte Formen der gesellschaftlichen Machtverteilung in Frage stellen. Gerade der letzte Punkt erklärt, warum ein sozialer Wandel so schwer zu initiieren ist. Er muss sich gegen die Widerstände von Interessengruppen durchsetzen, die hierdurch eine Verringerung ihres gesellschaftlichen Einflusses befürchten. Trotzdem ist der Ruf nach einem kulturellen Wandel in Richtung auf Postwachstumsgesellschaften mittlerweile unüberhörbar geworden und hat zu einem verstärkten Nachdenken über alternative Formen des Wohlstands geführt, die keine stetige Übernutzung natürlicher Ressourcen erfordern.

Die meisten Überlegungen zu neuen Wohlstandsmodellen finden sich in der Diskussion um nachhaltige Lebensweisen und Lebensstile. Ein besonderer Stellenwert kommt hier Ansätzen zu, in denen das Nachhaltigkeitsleitbild auf konkrete nationale oder regionale Räume bezogen wird, zum Beispiel in der Studie »Sustainable Netherlands« (Buitenkamp, Venner & Warns, 1992). Dort werden nicht nur politische Steuerungsmaßnahmen und technologische Innovationen zur Implementierung der Nachhaltigkeit vorgestellt, sondern auch die Notwendigkeit der Vermittlung des Nachhaltigkeitsleitbildes in die breite Öffentlichkeit postuliert. In diesem Sinne wurden in der Studie »Zukunftsfähiges Deutschland« (BUND/Misereor, 1996) die beiden Leitbilder »rechtes Maß für Raum und Zeit« und »Gutes Leben statt viel haben« direkt an die BürgerInnen und KonsumentInnen adressiert, um deren Handeln in Richtung auf Nachhaltigkeit zu orientieren. In der Nachfolgestudie »Zukunftsfähiges Deutschland in einer globalisierten Welt« (BUND, Brot für die Welt & Evangelischer Entwicklungsdienst, 2008) wird die Perspektive des individuellen Handelns in einem Kapitel unter der Überschrift »Achtsam leben: Das Private ist politisch« behandelt. Der Umfang dieses Kapitels beschränkt sich jedoch auf 30 Seiten, was circa 5 Prozent des Umfanges der Gesamtstudie entspricht. Diese auffällig randständige Behandlung ist vermutlich der zwischenzeitlichen Einsicht geschuldet, dass an das Individuum adressierte Leitbilder nur eine geringe Orientierungsfunktion auf der individuellen Verhaltensebene erreichen. Psychologisch betrachtet sind Leitbilder nur schwache Motivatoren für Verhaltensänderungen, weil sie keine Hinweise zur Umsetzung des erwünschten Verhaltens im konkreten Lebensalltag liefern können. Änderungen im Verhalten sind jedoch von einer Vielzahl sich wechselseitig beeinflussender Faktoren auf der Personen- und Situationsebene abhängig. Interventionsmaßnahmen zur Veränderung umweltbezogenen Verhaltens lassen sich dabei nur in Ansätzen verallgemeinern und müssen immer auf die konkrete Lebenssituation unterschiedlicher Zielgruppen von BürgerInnen und KonsumentInnen angepasst werden.

In der Diskussion um eine nachhaltige Entwicklung ist viel Wert darauf gelegt worden, positive Zielgrößen, jenseits negativ konnotierter Einschränkungs- und Verzichtsideen, für individuelles Verhalten anzugeben. Die größte Resonanz haben in diesem Zusammenhang die beiden Suffizienzstrategien der Entschleunigung und Entrümpelung (Sachs, 1993) erfahren. Überführt in die beiden Schlagworte »Zeitwohlstand« und »Downsizing«, betonen diese den Eigennutz von nachhaltigem Verhalten und sprechen vor allem Personengruppen an, die bereits eine Sättigung mit materiellen Gütern erreicht haben und nun durch die Sicherung und Verwaltung ihres materiellen Wohlstandes zunehmend gestresst werden. Es ist davon auszugehen, dass diese Personengruppe in den wohlhabenden Industrienationen zunimmt, auch wenn dieser Trend noch nicht eindeutig empirisch zu belegen ist. Gleichwohl müssen auch gegenläufige Tendenzen zur Kenntnis genommen werden. So ist es auch für größere Teile der Bevölkerung in den früh industrialisierten Ländern schwieriger und aufwendiger geworden, materiellen Wohlstand durch Erwerbsarbeit zu erwirtschaften, weil für diese das relative Einkommensniveau in den letzten Jahren tendenziell gesunken ist.

Als eine wichtige Voraussetzung für den Übergang in eine Postwachstumsgesellschaft wird häufig ein Wertewandel angeführt. Bereits in den siebziger Jahren ist von Inglehart (1977) die These eines grundlegenden Wandels von materiellen zu postmateriellen Wertorientierungen vertreten worden. Die gesellschaftlichen Entwicklungen in den westlich geprägten Industrieländern stehen jedoch im Widerspruch zu dieser von Inglehart postulierten »stillen Revolution«. So umfassen nach der SINUS-Typologie die beiden am ehesten postmateriell orientierten sozialen Milieus in Deutschland, das sozialökologische und liberal-intellektuelle Milieu, zusammen nur 14 Prozent der Bevölkerung (Sinus, 2011). Eine Mehrheit der Bevölkerung ist weiterhin sowohl an materiellen Werten wie Status und Besitz, als auch an neuen Formen der Multioptionalität bzw. Erweiterung von individuellen Erfahrungsräumen interessiert. Damit ist insgesamt eine Pluralisierung und Synthese vormals unvereinbarer Wertorientierungen in modernen Gesellschaften zu beobachten

(Klages, 1984). In diesem Sinne ist eine postmaterielle Orientierung durchaus mit egoistischen und hedonistischen Werten vereinbar, die ihrerseits keineswegs auf die Verwirklichung gesellschaftlicher oder ökologischer Ziele abzielen. Weiterhin ist aus der sozial- und verhaltenswissenschaftlichen Umweltforschung bekannt, dass Wertorientierungen nur einen schwachen direkten Einfluss auf umweltbezogenes Verhalten ausüben (Dietz, Stern & Guagnano, 1998). Das alleinige Fokussieren auf einen Wertewandel greift damit zu kurz, um einen Übergang in die Postwachstumsgesellschaft vorzubereiten.

Weitere Überlegungen zu nichtmaterialistischen Formen des Wohlstandes bietet die praktische Philosophie und Sozialphilosophie, die sich bereits vor dem Sichtbarwerden der ökologischen Grenzen des Wachstums kritisch mit materialistischen Grundhaltungen im Allgemeinen und übermäßigem Konsumverhalten im Speziellen auseinandergesetzt haben. Der Materialismus hat schon seit der Antike in der Ethik keinen guten Stand, weil er sehr schnell mit Hedonismus und Eigennutz assoziiert wird und so weder den Göttern noch dem Gemeinwohl dienen kann. Besser eignen sich hierzu individuelle Tugenden, wie Klugheit, Tapferkeit, Wahrhaftigkeit und Mäßigung, die im individuellen Verhalten ein Streben nach Höherem sichtbar werden lassen. So betonte beispielsweise schon Aristoteles, dass ein tugendhaftes Leben durchaus zur individuellen Glückseligkeit führen kann. Der praktischen Philosophie in der westlichen Tradition gelingt es aber eigentlich nur auf einer ethisch-moralischen Ebene eine Orientierungsfunktion im Alltag zu übernehmen. Eine philosophische Lebenskunst im Sinne von Schmid (1998), die weniger das tugendhafte Sollen betont, als das Meistern des Lebens an sich, findet sich in der westlichen Tradition selten. Ausnahmen stellen hier die Reflexionen von Philosophen wie Schopenhauer oder Nietzsche dar, die sich in ihren Lebensphilosophien jedoch interessanterweise mehr den beschwerlichen Anteilen und Abgründen der menschlichen Existenz widmen.

Im Vergleich zur westlichen Tradition sind die Weisheitslehren der östlichen Kulturkreise nicht nur ethisch-moralisch bzw. kognitiv-reflektierend ausgerichtet, sondern betonen im höheren Maße die integrale Verbundenheit von Geist und Körper. Deshalb werden dort auch Formen des mentalen Trainings kultiviert, die untrennbar mit der Körperlichkeit des Menschen verbunden sind. So umfassen alle Formen dieses ganzheitlich ausgerichteten Trainings sowohl mentale Strategien der Aufmerksamkeitsfokussierung, als auch körperliche Übungen, die beispielsweise die Fähigkeit zur Regulation der Atmung verbessern. Sicherlich weisen auch die östlichen Weisheitslehren eine Vielzahl unterschiedlicher und sich teilweise widersprechender Denkansätze auf. Aber ein inhaltlicher Kern besteht bei allen im Ausbalancieren und Harmonisieren sowohl von unterschiedlichen Bedürfnissen innerhalb des Menschen als auch von Bedürfnissen des Menschen mit den Anforderungen seiner natürlichen und sozialen Umwelt. Ein einseitig auf materiellen Werten ausgerichtetes Wachstum ist hiermit nicht zu begründen. Daher wundert es nicht, dass nicht wenige der im Westen vorgetragenen konsumkritischen Positionen, in mehr oder minder differenzierter Weise auf Erkenntnisse östlicher Weisheitslehren Bezug nehmen (Fromm, de Martino, Suzuki & Steipe, 1972).

Die wichtigste Erkenntnis hinsichtlich der Grenzen von rein am materiellen Wohlstand orientierten Gesellschaften stammt aus der sozial- und verhaltenswissenschaftlichen Forschung zum Zusammenhang von materiellem Wohlstand und subjektiver Lebenszufriedenheit. Hiernach erhöht sich die Lebenszufriedenheit durch einen weiteren Anstieg des materiellen Wohlstandes nicht mehr bedeutsam, wenn erst einmal die materiellen Grundbedürfnisse befriedigt sind (Easterlin, 1974; Easterlin, McVey, Sawangfa & Zweig, 2010). Daher wäre es fahrlässig in den wohlhabenden Volkswirtschaften der früh industrialisierten Länder einseitig eine weitere Steigerung des materiellen Wachstums anzustreben, weil dort die Gewinne an Lebenszufriedenheit in keinem Verhältnis zu den gegenwärtig dafür anfallenden ökologischen und sozialen Kosten stehen.

Insgesamt ist damit der Nutzen eines immer weiter ansteigenden materiellen Reichtums für das Wohlbefinden der Menschheit in bereits materiell wohlhabenden Ländern fraglich. Zusätzlich mehren sich die Anzeichen, dass das stetige Streben nach mehr materiellem Wohlstand mit schwerwiegenden Nebenwirkungen, nicht nur für die Umwelt und das Klima, sondern auch für die einzelnen BürgerInnen der wohlhabenden Staaten verbunden ist. Das Versprechen auf Steigerungen des materiellen Wohlstandes ist in den auf Effizienz und Innovation ausgerichteten marktwirtschaftlichen Ökonomien an ein hohes Maß an individueller Leistungsbereitschaft und -fähigkeit geknüpft. Die individuellen Anforderungen diesbezüglich haben sich in den letzten Jahren stetig erhöht. Immer weniger Menschen können sich diesem Wettbewerbs- und Innovationsdruck stellen, ohne bedeutsame Einbußen in ihrem subjektiven Wohlbefinden hinnehmen zu müssen. Ebenso können immer mehr Menschen diesem Druck nicht mehr standhalten und reagieren mit somatischen und psychischen Anpassungsstörungen, die zum partiellen oder auch vollständigen Ausstieg aus gesellschaftlichen Aktivitäten wie Lohnarbeit oder politischen Partizipationsprozessen führen. Aus diesem Grund könnte sich gegenwärtig die historisch recht einmalige Situation ergeben, dass von einer Mehrheit der Bevölkerung in den früh industrialisierten Ländern das Streben nach einem höheren materiellen Wohlstand nicht mehr als wichtiges Lebensziel angesehen wird – jedenfalls nicht zu den psychischen Kosten bzw. Stressbelastungen, die gegenwärtig hierfür aufgewendet werden müssen.

Fällt jedoch das Streben nach materiellem Wohlstand als individuelles Lebensziel weg, müssen an dessen Stelle alternative Lebensziele kultiviert werden, um eine hohe Lebenszufriedenheit in breiten Bevölkerungskreisen erreichen zu können. Hier bieten sich Lebensziele und immaterielle Zufriedenheitsquellen an, wie sie in der westlichen und östlichen Philosophie bereits hinlänglich expliziert und reflektiert worden sind. Allerdings liefert ein Blick in die philosophische Reflexion erwartungsgemäß keine eindeutigen Antworten. Aufgrund der Vielfältigkeit und sich teilweise auch widersprechender Positionen zum guten Leben entsteht leicht der Eindruck, dass es zu diesem Thema nur individuelle Lösungen gibt, die jeder Einzelne komplett für sich selber erkunden muss. Im Gegensatz behauptet nun die Positive Psychologie, dass es sehr wohl Eigenschaften und Fähigkeiten von Menschen, sowie von institutionalisierten Rahmenbedingungen gibt, die sich im Allgemeinen positiv auf das Wohlbefinden von Menschen auswirken. Zur Untermauerung dieser Aussage hat die Positive Psychologie eine Vielzahl empirischer Befunde zusammengetragen, die unter Anwendung wissenschaftlicher Methoden die Einflussfaktoren des subjektiven Wohlbefindens identifizieren. Versuche zur Förderung eines kulturellen Wandels in Richtung auf eine Postwachstumsgesellschaft sollten diese Befunde der Positiven Psychologie sorgfältig rezipieren, um zu verstehen, wie immaterielle Zufriedenheitsquellen für den Einzelnen erschlossen werden können. Ein zentrales Motiv besteht hier in der Stärkung von individuellen psychischen Ressourcen. Diese kennzeichnen psychische Widerstandskräfte im Individuum, sich vor äußere Anforderungen und Belastungen zu schützen. In der Gesundheitsforschung ist für diese psychische Widerstandkraft der Begriff der Resilienz (Werner, 1971) eingeführt worden.

Die Positive Psychologie hat von sich aus bisher keine systematischen Bezüge zum Themenfeld der nachhaltigen Entwicklung hergestellt. Immerhin widmet sich Martin Seligman als prominenter Vertreter der Positiven Psychologie im letzten Kapitel seines Werkes »Flourishing – Wie Menschen aufblühen« (2012) einer Politik und Ökonomie des Wohlbefindens, die nicht primär auf eine Steigerung des materiellen Wohlstandes ausgerichtet sind. In der Umweltpsychologie wird das Themenfeld Nachhaltigkeit hingegen ausführlich behandelt, jedoch findet dort wiederum bisher keine Auseinandersetzung mit Postwachstumsgesellschaften und alternativen Wohlstandsmodellen statt. So wird es in den nachfolgenden Ausführungen vor allem darum gehen, Erkenntnisse aus unterschiedlichen Wissensbereichen zusammenzuführen, die bisher noch nicht systematisch aufeinander bezogen worden sind. Doch bevor auf diese Synthese im Detail eingegangen wird, sollen noch einmal zusammenfassend die vier Prämissen expliziert werden, die den nachfolgenden Überlegungen zugrunde liegen und die im weiteren Verlauf der Argumentation nicht mehr in Frage gestellt werden:

1. Ein stetig steigendes Wachstum des materiellen Wohlstandes ist mit dem Leitbild einer nachhaltigen Entwicklung dauerhaft nicht vereinbar.

2. Das subjektive Wohlbefinden lässt sich in früh industrialisierten Ländern über Steigerungen des materiellen Wohlstandes kaum noch erhöhen. Die hierfür anfallenden ökologischen und sozialen Kosten stehen in keinem Verhältnis zu den – falls überhaupt noch erreichbaren – Steigerungen des subjektiven Wohlbefindens.

3. Der Übergang zu nachhaltigen Lebensstilen erfordert einen kulturellen Wandel. Kurzfristige Anpassungen durch technologische Innovationen und organisatorische Effizienzsteigerungen werden hierzu nicht ausreichen.

4. Ein kultureller Wandel erfordert die Anwendung psychologisch fundierter Maßnahmen bei der Mehrheit der BewohnerInnen der früh industrialisierten Länder. Die Vermittlung abstrakter politik- und ökonomieorientierter Nachhaltigkeitsleitbilder stellt hierfür keine effektive Strategie dar. Stattdessen müssen selbstreflexive Prozesse auf einer individuellen Ebene durchlaufen und in die konkrete Alltagspraxis unterschiedlicher sozialer Milieus eingebettet werden.

# 2.
# Integration von Erkenntnissen aus der sozial-ökologischen Forschung, Umweltpsychologie, Positiver Psychologie und ressourcenorientierten Beratung

Für die psychologisch fundierte Förderung eines kulturellen Wandels in Richtung nachhaltiger Wohlstandmodelle werden nachfolgend vier Wissensbereiche zusammengeführt: Sozial-ökologische Forschung, Umweltpsychologie, Positive Psychologie und der ressourcenorientierte Ansatz der Beratungs- und Gesundheitspsychologie. Zwischen einzelnen Wissensbereichen sind bereits inhaltliche und konzeptuelle Überschneidungsbereiche benannt worden. So wurden zum einen die wechselseitigen Bezüge zwischen Umweltpsychologie und sozial-ökologischer Forschung (Hunecke, 2003) und zum anderen zwischen der Positiven Psychologie und dem ressourcenorientierten Ansatz in der psychologischen Beratung und Psychotherapie aufgezeigt (Loth, 2003). Ebenso hat die sozial-ökologische Forschung unter dem Stichwort der Glücksforschung die Erkenntnisse der Positiven Psychologie rezipiert (Hosang, 2007). Alle vier Wissensbereiche sind bisher jedoch weder vor dem Hintergrund einer gemeinsamen Theorienbildung noch zur Ableitung von Handlungsstrategien zur Förderung nachhaltiger Lebensstile systematisch aufeinander bezogen worden.

Im Folgenden werden die wichtigsten Erkenntnisse aus allen vier Wissensbereichen herausgearbeitet, aus denen sich Handlungsstrategien zur Förderung immaterieller Zufriedenheitsquellen ableiten lassen. Als argumentative Vorbereitung für die Zusammenführung der vier Wissensbereiche werden im Folgenden zuerst deren inhaltliche Grundannahmen und wichtigsten Zugänge zu den Themen Nachhaltigkeit und Postwachstumsgesellschaft kurz vorgestellt.

## Sozial-ökologische Forschung

»Soziale Ökologie ist die Wissenschaft von den Beziehungen der Menschen zu ihrer jeweiligen natürlichen und gesellschaftlichen Umwelt. In der sozialökologischen Forschung werden die Formen und Gestaltungsmöglichkeiten dieser Beziehung in einer disziplinübergreifenden Perspektive untersucht. Ziel der Forschung ist es, Wissen für gesellschaftliche Handlungskonzepte zu generieren, um die zukünftige Reproduktions- und Entwicklungsfähigkeit der Gesellschaft und ihrer natürlichen Lebensgrundlagen sichern zu können« (Becker, Jahn & Schramm, 2000, S. 13). In dieser Arbeitsdefintion sind die drei Hauptcharakteristika der sozial-ökologischen Forschung bereits benannt: Problemorientierung, Akteursorientierung und Transdisziplinarität. Die Problemorientierung kennzeichnet dabei den Ausgangspunkt von sozial-ökologischer Forschung, der sich auf »diskursiv erzeugte Gegenstände in der Gestalt von gesellschaftlichen Problemen« (Jahn, 2003, S. 550) bezieht und nicht auf wissenschaftlich wohl definierte Objekte oder Prozesse. Im zweiten Merkmal der Akteursorientierung wird »die aktive Einbeziehung von unterschiedlichen gesellschaftlichen Akteuren und Bevölkerungsgruppen« (a. a. O., S. 550) angesprochen. Neben diesem partizipativen Anspruch folgt vor allem aus der Akteursorientierung die Notwendigkeit, Aspekte der sozialen Differenzierung, wie Alter, Geschlecht und Lebensstil mit in die Analyse von natürlich-technischen Wirkungszusammenhängen aufzunehmen. Beim dritten Merkmal der Transdisziplinarität wird vor allem der lebensweltliche Bezug der behandelten Problemlagen hervorgehoben (a. a. O., S. 551). Da die Soziale Ökologie ihre Problemlösungsstrategien in die Richtung einer nachhaltigen Entwicklung entwickelt, kann sie zusammenfassend auch als transdisziplinäre Nachhaltigkeitswissenschaft bezeichnet werden.

Aus der Arbeitsdefinition wird offensichtlich, dass sich die Soziale Ökologie keineswegs auf eine rein naturwissenschaftlich oder technologisch ausgerichtete Nachhaltigkeitsforschung reduzieren lässt, weil hier nach den individuellen und gesellschaftlichen Bedingungen und Ursachen von Umweltproblemen gefragt wird. Durch diese Perspektive ergibt sich als zentrale Aufgabe der Sozialen Ökologie, die Optionen für nachhaltige Lebensweisen bzw. Lebensstile auszuloten. Hierbei gilt es die Bedürfnisse und Anforderungen in der Alltagsgestaltung von gesellschaftlich relevanten Gruppen zu analysieren, um entsprechend nachhaltige Produkte und Dienstleistungen zu konzipieren.

Drei grundlegende Strategien lassen sich zur Förderung einer nachhaltigen Lebensweise differenzieren: Erstens gilt es, die Gruppe der sogenannten Ökopioniere zu unterstützen, die sich als erste in der Gesellschaft durch ein gleichermaßen nachhaltiges wie innovatives Verhalten auszeichnen und damit die Funktion von Vorbildern und Multiplikatoren für eine nachhaltige Lebensweise übernehmen können (Ökopionier-Strategie). Ökopioniere verhalten sich »richtig in falschen Strukturen« und werden hauptsächlich durch eigene Werte und Überzeugungen in ihrem Handeln motiviert. Wenn es den Ökopionieren auf Dauer nicht gelingt, günstige Rahmenbedingungen für ihre innovativen Ideen zu erwirken bzw. wenn deren bürgerschaftliches Engagement nicht durch günstige Rahmenbedingungen gefördert wird, kann kein kultureller Wandel stattfinden. Die zweite Strategie richtet sich auf die Förderung nachhaltigen Verhaltens in breiten Teilen der Bevölkerung (Mainstream-Strategie). Hier kommen die bewährten Strategien der Verhaltensänderung zum Einsatz, wie sie in den Sozial- und Verhaltenswissenschaften entwickelt worden sind. Diese Strategien zielen darauf ab, das umweltbezogene Verhalten von KonsumentInnen und NutzerInnen entsprechend subjektiv-rationaler Kriterien nachhaltig auszurichten. Hierzu müssen Anreiz- und Sanktionsmechanismen implementiert werden, die nachhaltiges Verhalten für die Konsumenten in irgendeiner Weise nützlich machen, das heißt durch nachhaltiges Verhalten kann Geld gespart, der psychische Aufwand verringert oder der persönliche Erlebniswert erhöht werden. Ein Großteil der gegenwärtig in der Umweltpolitik durchgeführten Programme bedient sich dieser Interventionsmethoden, weil sie aufgrund ihrer hohen Wirksamkeit in breiten Teilen der Bevölkerung den größten Entlastungseffekt für die Umwelt und das Klima erwarten lassen. Eine dritte und bisher nur selten verfolgte Strategie versucht das Selbstbewusstsein und die Kompetenzen von Personen durch eine Förderung ihres Engagements für den Umwelt- und Klimaschutz zu stärken (Empowerment-Strategie). So ist das Erfahrbar machen von eigenen Handlungsmöglichkeiten zum Umwelt- und Klimaschutz in allen Bevölkerungsgruppen eine grundlegende Strategie zur Initiierung von Verhaltensänderungen. Die Empowerment-Strategie geht aber noch einen Schritt weiter, weil sie sich in Abgrenzung zur Mainstream-Strategie gezielt an Bevölkerungsgruppen richtet, die sich durch geringere Chancen zur Partizipation an gesellschaftlichen Entscheidungsprozessen auszeichnen, wie zum Beispiel Kinder, ALGII-EmpfängerInnen oder MigrantInnen. Durch das Vermitteln von Wissens-, Kommunikations- und Handlungskompetenzen im

Umwelt- und Klimaschutzes werden diese Personengruppen in ihren Möglichkeiten der gesellschaftlichen Einflussnahme gestärkt. Langfristig wird dadurch nicht nur ein psychologisches, sondern auch ein politisches Empowerment gefördert, das zu dauerhaften Veränderungen in der politischen Einflussnahme der unterschiedlichen Gruppen einer Gesellschaft führen kann.

Eine weitere wichtige Aufgabe bei der Suche nach nachhaltigen Lebensweisen besteht in der Berücksichtigung sozialer Ungleichheiten. Alle Maßnahmen zur Förderung der Nachhaltigkeit müssen kontextualisiert werden, das heißt an die raum- und sozialstrukturell vorgefundenen Gegebenheiten angepasst werden, um deren Akzeptanz und Umsetzung durch die NutzerInnen und KonsumentInnen zu gewährleisten. Sozialstrukturanalysen leisten eine Kontextualisierung hinsichtlich des sozialen Raumes, der sich anhand unterschiedlicher Dimensionen der sozialen Ungleichheiten beschreiben lässt. Nach der Ablösung von Klassen- und Schichtenmodellen wird zur Beschreibung sozialer Ungleichheit in hoch ausdifferenzierten und pluralisierten Gesellschaften verstärkt auf Lebensstil- und Milieuansätze zurückgegriffen. Dem Anspruch nach Kontextualisierung folgend kann eine »Ökologisierung der Gesellschaft« nur auf lebensstilspezifische Weise erfolgen (Reusswig, 1994, Hunecke, 2000). Hiernach existiert keine für alle Bevölkerungsgruppen gleichermaßen akzeptable nachhaltige Lebensweise. Daher müssen unterschiedliche Zielgruppen für Maßnahmen zur Förderung einer nachhaltigen Alltagsgestaltung identifiziert und die Maßnahmen entsprechend den Bedürfnissen und Anforderungen der jeweiligen Zielgruppen gestaltet und umgesetzt werden. Dies gilt in analoger Weise für Versuche, einen kulturellen Wandel in Richtung auf eine Postwachstumsgesellschaft zu initiieren. Ein Mangel an ausreichender sozialer Kontextualisierung erklärt auch, warum das Leitbild der Suffizienz bisher nur wenig Resonanz auf der KonsumentInnen- und NutzerInnenseite erzeugt hat. Als Hinweis auf »das rechte Maß« bleibt dieses zu abstrakt, um in der Alltagspraxis unterschiedlicher Lebensstile handlungswirksam zu werden. Als ein abstraktes »Weniger ist Mehr« kann es sogar bedrohlich für diejenigen Bevölkerungsgruppen wirken, die meinen schon jetzt zu wenig zu haben.

Zusammenfassend lässt sich daher als Beitrag der sozial-ökologischen Forschung zum Projekt des kulturellen Wandels in Richtung einer Postwachstumsgesellschaft festhalten, dass die in ihr entwickelten Methoden eine differenzierte Kontextanalyse der situativen und personalen Einflussfaktoren des Alltagshandelns unterschiedlicher sozialer Gruppen und Milieus sicherstellen können. Die Stärken der sozial-ökologischen Forschung liegen hier in der integrierten Betrachtung von sozial-kulturellen und ökologischen Einflussfaktoren. Die Interaktionen zwischen Individuen und ihren natürlichen und sozialen Umwelten werden hingegen differenzierter in der Umweltpsychologie thematisiert, auf die im folgenden Abschnitt ausführlicher eingegangen wird.

## Umweltpsychologie

Die Umweltpsychologie beschäftigt sich mit den Wechselwirkungen zwischen dem Erleben und Verhalten des Menschen und seinen natürlichen und sozialen Umwelten. Hiernach beeinflussen zum einen die natürlichen und sozialen Umwelten das Erleben und Verhalten des Menschen. Zum anderen gestaltet und beeinflusst der Mensch durch sein Verhalten die natürlichen und sozialen Umwelten. Die Ursprünge der Umweltpsychologie lassen sich bis zum Beginn des 20. Jahrhunderts zurückverfolgen. Aspekte des Umweltschutzes und der Ressourcenschonung rückten aber erst mit der Zunahme der Wahrnehmung von Umweltproblemen seit dem Ende der 80er Jahre verstärkt in den Fokus umweltpsychologischer Forschung. Seit Anfang der 90er Jahre haben dann die psychologischen Beiträge zur »Global Change«-Forschung mit dem Anwachsen des Problembewusstseins für die globalen Umweltveränderungen eine größere Aufmerksamkeit erfahren (Kruse, 1995). Gegen Ende der 90er Jahre wurden auch die ersten Beiträge aus umweltpsychologischer Perspektive mit einem expliziten Bezug zum Leitbild der nachhaltigen Entwicklung verfasst (Werner, 1999; Hunecke, 2000; Schmuck & Schultz, 2002). Mittlerweile ist eine Vielzahl von umweltpsychologischen Erkenntnissen in der Nachhaltigkeitsforschung rezipiert worden. An erster Stelle ist hier die handlungstheoretische Fundierung des Umweltverhaltens zu nennen. Hierzu sind die Theorie des geplanten Verhaltens von Ajzen (1991), das Norm-Aktivations-Modell von Schwartz (1977) und das transtheoretische Modell von Prochaska & DiClemente (1983) auf den Bereich des Umweltverhaltens übertragen worden. Diese allgemeinen Handlungstheorien explizieren die dem Umweltverhalten zugrundeliegenden psychischen Prozesse der Informationsverarbeitung und -bewertung. Hierdurch können sie auch in differenziertester Weise die Kluft zwischen umweltbezogenen Werten und Einstellungen und dem tatsächlichen Umweltverhalten erklären. Ein wichtiger Teilaspekt handlungstheoretischer Modelle bezieht sich auf die Umweltwahrnehmung und Risikobewertung. So wird die Risikoeinschätzung bei Umweltbeeinträchtigungen und -gefahren vor allem hinsichtlich der Merkmale Neuartigkeit, antizipierte Konsequenzen und Anzahl der betroffenen Personen bestimmt (Sjöberg, 2000). Weiterhin lassen sich charakteristische Unterschiede in der Risikobewertung von Experten und Laien aufzeigen (Wiedemann & Mertens, 2005).

Der Schwerpunkt der psychologischen Handlungsmodelle zur Erklärung umweltbezogenen Verhaltens liegt auf der Beschreibung von innerpsychischen Prozessen. Die umweltpsychologisch orientierte Anwendung dieser Handlungsmodelle betont jedoch im Besonderen die Wechselwirkungen zwischen innerpsychischen und individuumsexternen Einflussfaktoren. Gerade die situativen Merkmale außerhalb der Person sind häufig die Ursache, dass ein eigentlich intendiertes Verhalten nicht in die Tat umgesetzt wird. Daher besteht eine besondere Herausforderung der Nachhaltigkeitsforschung darin, situative und personenbezogene Einflussfaktoren in die Erklärungsmodelle des umweltbezogenen Verhaltens zu integrieren. Die Umweltpsychologie hat sich auch ausführlich mit den situativen Anforderungen des ökologischen Handelns beschäftigt. Hierzu sind die besonderen Anforderungen im Umgang mit ökologischen Problemlagen herausgearbeitet worden, die sich meist als Formen von ökologisch-sozialen Dilemmata konzeptualisieren lassen, wie zum Beispiel die gemeinsame Nutzung von Weideland oder von Gewässern zum Fischfang (Ernst, 1997). Ebenso weisen ökologische Problemlagen häufig die Strukturmerkmale komplexer Probleme auf, wie eine hohe Anzahl und Vernetzung der beteiligten Variablen und intransparente zeitliche Dynamiken (Dörner, 1996).

Alle Erkenntnisse der Umweltpsychologie als anwendungsorientierte Wissenschaft zielen darauf ab, Interventionen zur Förderung umweltschonenden Verhaltens zu entwickeln und Umwelten so zu gestalten, dass sich Menschen darin wohl fühlen. In der Nachhaltigkeitsforschung steht hierbei vor allem die Frage nach den Förderungsmöglichkeiten eines nachhaltigen Alltagsverhaltens im Vordergrund. Hierzu liegen differenzierte Erkenntnisse über die unterschiedlichen Methoden der Verhaltensänderung im Umweltbereich vor. So unterscheiden Kaufmann-Hayoz, Bättig, Bruppacher et al. (2001, S. 40) in ihrer vor allem auf Vollständigkeit bedachten Kategorisierung 57 unterschiedliche Interventionsformen und Mosler & Tobias (2007) in ihrer stärker umsetzungsorientierten Systematisierung 54 Formen. Der inhaltliche Schwerpunkt der Interventionsmaßnahmen liegt hierbei auf situativen und kognitiven Strategien, wie der Informationsvermittlung, Zielbildung, Verhaltensfeedback, Gestaltung von Anreizstrukturen und Angebotsqualitäten für Güter und Dienstleistungen und dem Initiieren kollektiver Aktionen. Um die Effektivität der jeweiligen Interventionsmaßnahmen zu erhöhen, muss sich deren Auswahl und konkrete Gestaltung stark an dem jeweiligen Lebenskontext der anvisierten Zielgruppen orientieren. So lassen sich mit Interventionen nach dem Gießkannenprinzip, die an die breite Öffentlichkeit adressiert werden, wie beispielsweise allgemeine Informationskampagnen, nur sehr schwache Verhaltenseffekte erzielen. Stattdessen müssen effektive Interventionen sowohl an konkreten Anforderungen der Alltagsgestaltung als auch an den sozial geteilten Symbolen der jeweiligen Zielgruppen orientiert werden. Aus der Notwendigkeit einer zielgruppenspezifischen Gestaltung von Interventionsmaßnahmen resultiert die Frage nach effektiven Methoden der Zielgruppensegmentierung. Auch hierzu sind mit dem Lebensstilansatz und unterschiedlichen Formen von einstellungsbasierten Typologien vielfältige Ansätze zu einer zielgruppenspezifischen Ökologisierung unterschiedlicher Personengruppen in der Umweltpsychologie entwickelt worden (Hunecke, 2002; Ittner, 2002; Schuster, 2003). Die umweltpsychologisch fundierten Interventionsstrategien zielen vor allem auf die Veränderung umweltbezogener Kognitionen ab, um hierdurch die Motivation für nachhaltiges Handeln zu erhöhen. Es gibt nur sehr wenige Arbeiten in der akademischen Psychologie, die sich primär aus der Perspektive von Emotionen mit dem Thema Nachhaltigkeit beschäftigen. Am ehesten finden sich hier Analysen zur Umweltwahrnehmung und der Stressregulation in bebauten und natürlichen Umwelten (Döring-Seipel, 2008).

Weiterhin existieren sozialphilosophische Ansätze, die auf Emotions-Konzepte aus der Psychologie zurückgreifen, um Veränderungspotenziale in Richtung einer nachhaltigen Entwicklung zu erfassen (Hosang, Fraenzle & Markert, 2005). Auch die psychologischen Varianten der »Tiefenökologie« nehmen Bezug auf emotionspsychologische Konzepte, indem sie den aus tiefenökologischer Perspektive nicht vertretbaren anthropozentrischen Blick des Menschen auf die Natur durch eine gesteigerte Empathiefähigkeit überwinden wollen (Roszak, 1994). Letztlich gelingt es diesen emotionszentrierten Ansätzen aber nicht, umsetzbare Interventionsmaßnahmen abzuleiten, die auf breitere Bevölkerungsgruppen anwendbar sind. Dieses Ziel erreichen am besten Soziale Marketing Kampagnen, in denen die Ideen des Umwelt- und Klimaschutzes über einen abgestimmten Marketingmix aus Product-, Price-, Promotion- und Place-Strategien verbreitet werden (McKenzie-Mohr & Smith, 1999). Emotionalen

Aspekten kommt dabei vor allem bei der Promotion der Umwelt- und Klimaschutzidee eine zentrale Bedeutung zu, was beispielsweise bei der Ansprache und Förderung eines Gemeinschaftsgefühls auf lokaler Ebene zum Ausdruck kommt. Letztlich stehen Marketingmaßnahmen für eine nachhaltige Entwicklung gegenüber dem konventionellen Produkt- und Dienstleistungsmarketing jedoch auf verlorenem Posten. Zu groß ist das Ungleichgewicht zwischen dem finanziellen Volumen des konventionellen Marketings und einem auf Nachhaltigkeit ausgerichteten Sozialen Marketing. Diese ungleichen Chancen würden sich bei der Verbreitung der Idee eines Postwachstums noch weiter erhöhen, weil sich diese über ein soziales Marketing emotional noch schwieriger kommunizieren lässt als die ohnehin schon recht abstrakte Idee einer nachhaltigen Entwicklung. An dieser Stelle werden die Grenzen des Sozialen Marketings deutlich, dem es bei der allgegenwärtigen Marketingkonkurrenz nur schwer gelingen kann, die inneren Überzeugungen, Werte und Normen von KonsumentInnen zu verändern. Diese Veränderungen lassen sich nicht über die oberflächliche Verarbeitung von Marketingbotschaften erzielen, sondern erfordern tiefergehende Reflexionsprozesse im Individuum. Zur Förderung dieser individuellen Reflexionsprozesse kann die Positive Psychologie einen wertvollen Beitrag leisten, indem sie den Blick der Umweltpsychologie erweitert und aufzeigt, warum Menschen sich für immaterielle Werte und Ziele engagieren und daraus Zufriedenheit und Wohlbefinden schöpfen können.

## *Positive Psychologie*

Das übergeordnete Ziel der positiven Psychologie besteht in einer Verschiebung des gegenwärtig vorherrschenden Erkenntnisinteresses in der psychologischen Forschung: »The aim of positive psychology is to begin to catalyse a change in the focus of psychology from preoccupation only with repairing the worst things in life to also building positive qualities« (Seligman & Csikszentmihalyi, 2000, S. 5). Die Kritik an dem problemzentrierten Fokus der Psychologie ist nicht neu, sondern wurde bereits vor Jahrzehnten von Vertretern der humanistischen Psychologie, wie Maslow (1954) und Rogers (1969) formuliert. Diese fokussieren in ihren Gegenentwürfen stärker auf die Förderung der positiven Entwicklungspotenziale im Menschen als auf die Beseitigung von Störungen und der Korrektur normabweichenden Verhaltens. Durch ihren Blick auf das Positive vollzieht die Psychologie einen ähnlichen Perspektivenwechsel, wie er in den Gesundheitswissenschaften von der patho- zur salutogenetischen Sichtweise auf Krankheit und Gesundheit durch Antonovsky (1979) bereits vor drei Jahrzehnten eingeleitet worden ist.

Dieser metatheoretische Perspektivwechsel bedient jedoch keinen Selbstzweck, sondern soll dazu dienen, die konkreten Mechanismen und Prozesse zu identifizieren, die ein gutes Leben fördern. Hierbei werden nicht nur innerpsychische Prozesse, sondern ebenso soziale Prozesse auf unterschiedlichen Interaktionsebenen berücksichtigt. »The outcomes of interest to positive psychology may be defined as those subjective, social, and cultural states that characterize a good life. Here we may think of factors such as happiness, wellbeing, fulfilment, and health (at the subjective level), positive communities and institutions that foster good lifes (at the interpersonal level), and political, economic, and environmental policies that promote harmony and sustainability (at the social level)« (Linley, Joseph, Harrington & Wood, 2006, S. 8). Die Frage nach dem guten Leben wird von der Positiven Psychologie nicht zum ersten Mal gestellt, sondern bereits seit Jahrtausenden in vielfältigen Weisheitslehren und philosophischen Reflexionen behandelt. Das Spezifische am Ansatz der Positiven Psychologie besteht in dem Versuch, die möglichen Antworten auf die Frage nach dem guten Leben empirisch zu fundieren. An dieser Stelle kann sicherlich weder eine quantifizierbare, noch inhaltlich exklusive Antwort von der Positiven Psychologie erwartet werden, da die Frage nach dem guten Leben immanent an inhaltliche Wertvorstellungen geknüpft ist und empirisch nicht eindeutig geklärt werden kann. Trotzdem kann die diskursive Auseinandersetzung über das gute Leben durch empirisch abgesicherte Erkenntnisse über die positiven Eigenschaften und Potenziale des Menschen inhaltlich sowohl fokussiert als auch angereichert werden. Die empirische Fundierung erfolgt dabei durch die Anwendung wissenschaftlicher Methoden, die sich sowohl auf die Diagnose der Voraussetzungen für ein gutes Leben beziehen, als auch auf die Entwicklung und Evaluation von Interventionen zur Förderung eines guten Lebens.

Nach einem ihrer wichtigsten Begründer Martin Seligman beruht die Positive Psychologie auf der Erforschung von drei Säulen: positiven Emotionen, menschlichen Stärken und Tugenden sowie von positiven Institutionen (Seligman, 2002, S. XI). Ein wesentlicher Startpunkt der Positiven Psychologie bestand darin, die grundlegenden menschlichen Tugenden zu identifizieren, die in der Kulturgeschichte des Menschen mit einem guten Leben in Verbindungen gebracht werden. Peterson und Seligman (2004) fanden sechs solcher kulturübergreifenden allgemeinen Tugenden: Weisheit und Wissen, Liebe und Humanität, Gerechtigkeit, Mäßigung, Spiritualität und Transzendenz. In dieser Form sind diese Tugenden inhaltlich noch zu abstrakt definiert, um sie empirisch messbar und vor allem einer gezielten Förderung im Individuum zugänglich zu machen. Über das Konzept der Stärken (strengths) werden diese Tugenden als charakterliche Eigenschaften definiert, die empirisch operationalisiert und durch psychologische Interventionen positiv beeinflusst werden können. Insgesamt benennen Seligman und Peterson 24 solcher Stärken, die bei einer hohen individuellen Ausprägung auch als Signaturstärken einer Person bezeichnet werden. Eine erste wichtige Aufgabe der Positiven Psychologie besteht nun darin, die Menschen im Sinne einer positiven Diagnose ihrer persönlichen Signaturstärken bewusst zu machen, um diese in einem zweiten Schritt gezielt fördern zu können. Wer dann in einem dritten Schritt seine Alltagsgestaltung so weit wie möglich an seinen Signaturstärken ausrichtet, erhöht nach Seligman und Peterson damit langfristig auch sein subjektives Wohlbefinden.

Eine weitere wichtige Funktion der Positiven Psychologie liegt in der Förderung positiver Emotionen. Seligman (2002) unterscheidet hier positive Emotionen anhand ihres zeitlichen Bezuges. Vergangenheitsbezogene Emotionen wie Zufriedenheit und Stolz steigern ebenso das Glücksempfinden wie gegenwartsbezogene Emotionen, die aus körperlichen Genüssen oder einem Flow-Erleben resultieren und zukunftsbezogene Emotionen, wie beispielsweise Hoffnung und Zuversicht. Alle Formen von positiven Emotionen lassen sich durch gezielte psychologische Interventionen fördern. Fredrickson (2011) unterscheidet zehn Emotionen, die mit einer positiven Lebenseinstellung verbunden sind: Freude, Dankbarkeit, Heiterkeit, Interesse, Hoffnung, Stolz, Vergnügen, Inspiration, Ehrfurcht und Liebe. In ihrer Broaden-and-Build-Theorie postuliert sie, dass bei einem Verhältnis von drei positiven Emotionen zu einer negativen Emotionen die Wahrscheinlichkeit erhöht wird, dass Menschen ihr Bewusstsein erweitern (broaden) und hierauf aufbauend ihre jeweils innewohnenden Potenziale bzw. Stärken besser entfalten können (build), was wiederum mit einer Steigerung des subjektiven Wohlbefindens einhergeht. Vor dem Hintergrund der Broaden-and-Build-Theorie empfiehlt es sich daher zur Steigerung des subjektiven Wohlbefindens sowohl das Erleben positiver Emotionen zu fördern, als auch von negativen Emotionen zu reduzieren.

Im Hinblick auf die philanthropische Gestaltung von Institutionen und des Gemeinwesens finden sich bei der Positiven Psychologie weniger Forschungsaktivitäten, als in Bezug auf die Förderung der menschlichen Stärken und positiven Emotionen. Die meisten Studien hierzu sind in der Institution Schule durchgeführt worden und versuchen dort die psychischen Ressourcen der Schüler zu fördern. So berichtet Seligman von seinem Vorgehen beim Ausrichten des Lehrplanes auf der Geelong Grammar School in Australien auf die Inhalte der positiven Psychologie und den daraus resultierenden Erfolgen (Seligman, 2012). Auch in Deutschland ist in der Willy-Hellpach-Schule in Heidelberg das Schulfach »Glück« erfolgreich mit in den Lehrplan aufgenommen worden (Schubert, 2008). Eine Vielzahl konzeptioneller Überlegungen finden sich in dem Sonderband des Journals of Positive Psychology zum Stand der Positiven Psychologie in der Hochschulbildung aus dem Jahr 2011. Auf die Spezifika der durch die Positive Psychologie beeinflussten Curricula wird noch ausführlicher im Kapitel 5 eingegangen.

Ihre bisher größte Aufmerksamkeit hat die Positive Psychologie innerhalb der Diskussion um eine Postwachstumsgesellschaft hinsichtlich ihrer Erkenntnisse über den Zusammenhang von materiellem Wohlstand und individuellem Glücksempfinden erfahren. So hat sich die Positive Psychologie bisher am intensivsten mit der Erfassung und Messung von innerpsychischen Zuständen beschäftigt, die mit Konzepten wie Glück, Wohlbefinden und Lebenszufriedenheit in Verbindung stehen. Hierbei zeigt sich, dass das jeweilige Verständnis von Glück, Wohlbefinden und Lebenszufriedenheit im hohen Maße von der jeweiligen Operationalisierung und den hierzu eingesetzten Messinstrumenten abhängig ist. Mittlerweile gibt es mehrere umfangreiche Kompendien, in denen die bisher entwickelten Messverfahren und -instrumente zur Erfassung positiver mentaler Zustände und Emotionen zusammengetragen worden sind (Lopez & Snyder, 2003; Diener, 2009).

Trotz der methodologischen und konzeptionellen Vielfalt, auf die im Kapitel 3 ausführlicher eingegangen wird, lässt sich als ein zentrales konsensuelles Ergebnis der Positiven Psychologie festhalten, dass das subjektive Wohlbefinden (subjective well-being) nicht linear mit dem materiellen Wohlstand ansteigt. Vielmehr flacht der Anstieg des subjektiven Wohlbefindens ab, wenn ein materielles Wohlstandsniveau erreicht wird, das die jeweiligen kulturellen Grundbedürfnisse befriedigt. Trotzdem existiert durchaus eine positive Korrelation zwischen materiellem Wohlstand und subjektivem Wohlbefinden, die je nach eingesetztem Messverfahren einen Wert zwischen .82 (im Hinblick auf Lebenszufriedenheit) (Diener & Biwas-Diener, 2008, S. 95) und .15 bis .20 in bereits wohlhabenden Nationen aufweist (Diener, 2008, S. 501). Ebenso existieren Befunde, die auch in hohen Einkommensklassen auf einen weiteren Anstieg der Lebenszufriedenheit durch Einkommenssteigerungen verweisen, der jedoch bei höherem Einkommen immer weiter abflacht (Diener, 2008, S. 500). In dieser allgemeinen Form bestätigen die empirischen Befunde der Positiven Psychologie die inhaltlichen Annahmen des Easterlin-Paradox. Trotzdem werden die Zusammenhänge zwischen Einkommen und Lebenszufriedenheit häufig von Laien überschätzt (Aknin, Norton & Dunn, 2009). Dies ist nicht zuletzt auf systematische Verzerrungen bei der Urteilsbildung sowohl zur Lebenszufriedenheit als auch subjektivem Wohlbefinden zurückzuführen (Kahnemann, 2012, S. 465 ff.).

Vor dem Hintergrund dieser Erkenntnisse erscheint weniger die absolute oder relative Höhe des materiellen Einkommens für das subjektive Wohlbefinden entscheidend zu sein als die Art und Weise, wie das jeweils verfügbare Einkommen eingesetzt wird. So eröffnet materieller Wohlstand dem Einzelnen durchaus Verhaltensoptionen für Genuss, zur Zielerreichung und Sinnkonstruktion. Ebenso zieht materieller Wohlstand in den meisten Kulturen eine hohe soziale Anerkennung nach sich und erhöht so den sozialen Status der Besitzenden. In diesem Zusammenhang offenbaren sich jedoch auch die Schattenseiten des materiellen Wohlstandes. So wird der soziale Status einer Person in sozialen Gemeinschaften immer in Relation zur sozialen Vergleichsgruppe festgelegt. Werden also die anderen Personen als materiell wohlhabender bewertet, so muss der eigene materielle Wohlstand gesteigert werden, um das gleiche Maß an Zufriedenheit zu erfahren. Diese Dynamik sozialer Vergleichsprozesse liefert auch eine Erklärung für das Easterlin-Paradox auf nationaler Ebene: In den reichen Ländern führt eine Steigerung des materiellen Wohlstands zu keiner bedeutsamen Zunahme an Lebenszufriedenheit, weil sich hierdurch nur noch vergleichsweise geringe Statusgewinne erzielen lassen bzw. durch den sozialen Druck zum Anschluss an das allgemeine Wohlstandsniveau sogar die aktuelle Lebensqualität verringert wird (Biswas-Diener, 2008, S. 317). Weiterhin erfordert ein hoher materieller Lebensstandard eine intensive Beschäftigung mit materiellen Dingen. Resultiert hieraus eine materialistische Grundhaltung, ist die Gefahr hoch, dass die Mehrung und Verwaltung des eigenen materiellen Wohlstandes zu viel Zeit beansprucht und deshalb

Zeit für Genuss, Zielerreichung und Sinnkonstruktion fehlt. Reduziert man diese Erkenntnisse auf eine einfache Formel, so kann man das individuelle Glücksempfinden auf die Relation zwischen dem, was man hat und dem, was man haben will, zurückführen (Diener & Biswas-Diener, 2008, S. 100). Das Habenwollen auf der individuellen Ebene wird hierbei in hohem Maß von sozialen Vergleichsprozessen beeinflusst. Dieser Zusammenhang wird auch durch empirische Befunde bestätigt, die einen negativen Einfluss von großen Einkommensunterschieden auf die Lebenszufriedenheit nachweisen (Wilkinson & Pickett, 2009; Frey & Frey Marti 2010, S. 74 ff.). Wer hiernach zu den Wenigerbesitzenden zählt, wird unzufrieden auf die Mehrbesitzenden schauen und zwar umso intensiver, je größer die Einkommensunterschiede und je wichtiger ihm materielle Werte sind.

Die Erkenntnisse der Positiven Psychologie finden auch zunehmend Berücksichtigung bei der Suche nach alternativen Wohlstandsindikatoren, die sich nicht nur auf das rein an ökonomischen Maßzahlen orientierte Bruttoinlandsprodukt beziehen. So existieren vielfältige Messungen des subjektiven Wohlbefindens, in denen sich die subjektiven Bewertungen der Bewohner von unterschiedlichen Nationen widerspiegeln. Auch wenn dieser internationale Wettbewerb um die höchsten Glückswerte nicht immer sinnvoll erscheint, so ist hierbei doch der Versuch zu würdigen, neue Wohlstandsmodelle zu entwerfen, die sowohl auf materiellen Indikatoren als auch auf Aspekten des subjektiven Wohlbefindens beruhen. Die hierdurch gewonnenen Vergleichswerte können für die philantropische Gestaltung des Gemeinwesens genutzt werden.

Aus einer visionären Perspektive kommt der gesellschaftliche Anspruch der Positiven Psychologie in dem PERM 51-Programm zum Ausdruck (Seligman, 2012, S. 333 ff.). Hiernach sollen bis zum Jahre 2051 51 Prozent der Weltbevölkerung zum psychologischen Aufblühen (flourishing) gebracht werden, womit Seligman seine aktuell vertretene Konzeption von subjektivem Wohlbefinden bezeichnet. Hierbei ist klar, dass ein Aufblühen der Bevölkerung ganzer Länder nicht über individuelle Beratungs- und Coachingprozesse durch PsychologInnen erreicht werden kann. Ein derartiger kultureller Wandel des Aufblühens lässt sich nur durch die Einflussnahme auf vielfältige institutionelle Kontexte wie Gesundheits- und Bildungseinrichtungen, Unternehmen, öffentliche Verwaltungen und Non-Profit-Organisationen initiieren. Im Kapitel 5 werden die individuellen und organisatorischen Kontexte und Settings benannt, die sich als erstes anbieten, um die Interventionen der Positiven Psychologie in möglichst großen Bevölkerungsgruppen anzuwenden. Dennoch stellen die am besten untersuchten Settings zur Anwendung der Methoden der Positiven Psychologie die Einzel- und Gruppenberatung dar. Die KlientInnen in diesen Beratungssettings sind dabei an einer Veränderung ihrer persönlichen Situation interessiert – entweder weil sie unzufrieden mit ihrer gegenwärtigen Situation sind oder weil sie ihre Situation noch weiter verbessern möchten. Das umfangreichste Wissen über die Aktivierung von psychologischen Ressourcen stammt daher aus dem Bereich der Beratungspsychologie und psychologischen Psychotherapie, von dem aus bisher jedoch noch keine inhaltlichen Bezüge zu den Themenfeldern der Nachhaltigkeit und Postwachstumsgesellschaft hergestellt worden sind. Im Folgenden werden die Kernannahmen der ressourcenorientierten Beratung kurz vorgestellt, in der vielfältige Methoden und Verfahren entwickelt worden sind, um Menschen zu stärken und die so auch dabei behilflich sein können, Menschen unabhängiger von materiellen Identitätsprothesen zu machen.

## *Ressourcenorientierte Beratung*

Psychosoziale Beratung kennzeichnet »einen zwischenmenschlichen Prozess, in welchem eine Person oder eine Gruppe, das heißt die Ratsuchenden/Klienten in der und durch die Interaktion mit einer anderen Person, dem sogenannten Berater/Team, mehr Klarheit gewinnt über eigene Probleme und deren Bewältigungsmöglichkeiten. Die Hilfe zur Selbsthilfe, das heißt die Steigerung der Problemlösefertigkeiten seitens des Ratsuchenden, ist ein entscheidendes Element von Beratung« (Waschburger 2009, S. 16). Die Übergänge zwischen Beratung und Therapie sind an dieser Stelle fließend. Während Therapien sich stärker auf spezifisch diagnostizierbare psychische Störungen beziehen und dann hierauf abgestimmte psychologische Interventionen anwenden, weisen Beratungen eine größere inhaltliche Bandbreite auf. Typische Aufgabenfelder psychosozialer Beratung sind Motivations- und Entscheidungsprobleme, Orientierungs- und Sinnfindungsprozesse sowie das Überwinden von dysfunktionalen Gewohnheiten vor allem im Bereich des Sozial- und Kommunikationsverhaltens und des gesundheitsbezogenen Verhaltens.

Ähnlich wie in der Psychotherapie existiert auch in der Beratungspsychologie eine Vielzahl von unterschiedlichen Ansätzen, die jeweils spezifische methodische Schwerpunkte hinsichtlich der Initiierung der intendierten Veränderungsprozesse aufweisen, wie der klientenzentrierte Ansatz, die systemische Beratung, der lösungsorientierte Ansatz oder die motivierende Gesprächsführung. Trotz einiger methodischer Differenzen weisen fast alle Ansätze der Beratungspsychologie gemeinsam die Forderung nach einer ressourcenorientierten Vorgehensweise im Beratungsprozess auf (Lenz, 2004). Diese Einsicht wird auch durch die Ergebnisse der Psychotherapieforschung gestützt, die auf die Ressourcenaktivierung als einen der wesentlichen übergreifenden Wirkfaktoren psychotherapeutischer Interventionen verweisen (Grawe, 1998). Zur inhaltlichen Klärung des Konzeptes der Ressourcenaktivierung muss zuerst erläutert werden, was unter Ressourcen im Beratungskontext zu verstehen ist. Ausgehend von einem recht unscharfen Verständnis, dass »letztendlich alles, was von einer Person in einer bestimmten Situation wertgeschätzt oder als hilfreich erlebt wird, als eine Ressource betrachtet werden kann« (Nestmann, 1996, S. 362), sind mehrere Klassifikationen von Ressourcen vorgenommen worden. Hier wird vor allem zwischen Personenressourcen (physisch, psychisch, kulturell-symbolisch und relational) und Umweltressourcen (sozial, ökonomisch, ökologisch, professionelle Dienstleistungen) differenziert (Herriger, 2006).

Die besondere Bedeutung von Ressourcen ergibt sich aus ihrer protektiven Wirkung bei bestehenden Belastungen und Vulnerabilitäten. In einem biopsychosozialen Modell von Gesundheit wird der aktuelle Gesundheitszustand als ein Zusammenwirken aller Risiko- und Schutzfaktoren einer Person angesehen. Risiko- und Schutzfaktoren können hier unabhängig voneinander bestehen, das heißt eine hohe Anzahl von Risikofaktoren (zum Beispiel hohe körperliche Vulnerabilität und geringe soziale Unterstützung) kann durch eine hohe Anzahl von Ressourcen (zum Beispiel hohe Stressbewältigungskompetenz und Zugang zu professionellen Hilfen) durchaus kompensiert werden (Willutzki, 2003, S. 93). In diesem Verständnis weist der Ressourcenbegriff eine hohe inhaltliche Anschlussfähigkeit zum Konzept der Resilienz und der Stressbewältigungskompetenz (Coping) auf. Die nachfolgenden Ausführungen konzentrieren sich auf die inhaltliche Explizierung von psychischen Ressourcen, die genuin durch psychologische Interventionen gestärkt werden können. Damit wird keineswegs die Notwendigkeit der Erhöhung von Umweltressourcen in Abrede gestellt, was als eine zentrale Aufgabe der psychosozialen Versorgung anzusehen ist. Trotzdem wird hier auf psychische Ressourcen fokussiert, weil diese bisher nicht zu den Möglichkeiten der Förderung von nachhaltigen

Lebensstilen und Postwachstumsgesellschaften systematisch in Beziehung gesetzt worden sind.

Interpersonale Beratung zielt darauf ab, kognitive und emotionale Klärungs- und Reflexionsprozesse in Gang zu setzen, die letztlich auch zu Veränderungen auf der Verhaltensebene führen sollen. Personen, die sich in Beratungskontexte begeben, weisen in der Regel eine Veränderungsmotivation und Reflexionsbereitschaft auf. In einigen Fällen bezieht sich die Veränderungsmotivation nur auf ein eng umgrenztes Problemfeld, wie Stress am Arbeitsplatz oder Konflikte in der Partnerschaft. Sehr häufig geraten durch die in der Beratung einsetzenden Klärungs- und Reflexionsprozesse jedoch auch neue Aspekte und Fragen in den Blick, die nicht direkt mit der ursprünglichen Problemstellung assoziiert worden sind. Früher oder später muss sich der Klient daher mit seinem eigenen Werte- und Überzeugungssystem auseinandersetzen und entscheiden, ob er hier Veränderungen für notwendig hält. Die Beratung unterstützt vor allem dadurch, dass sie KlientInnen einen kommunikativen Schutzraum bietet, in dem eine angstfreie Auseinandersetzung mit den eigenen Werten und Überzeugungen stattfinden kann. Diese Auseinandersetzung erfolgt in erster Linie auf einer sprachlich-symbolischen Ebene und zielt auf die Veränderung der Inhalte von mentalen Repräsentationen ab. Eine rein auf die kognitiv-sprachliche Ebene ausgerichtete Beratung kann behilflich sein, eine Einsicht in die zugrundliegenden Problematiken zu erlangen. Eine Umsetzung der neu erarbeiteten Überzeugungen und Ziele in reales Verhalten ist hierdurch allerdings nicht sichergestellt. Daher müssen die neuen Einsichten aus den Reflexionsprozessen im Beratungsprozess mit positiven Emotionen verknüpft und gewissermaßen positiv verkörperlicht (embodied) werden. Mittlerweile gibt es empirische Hinweise darauf, wie sich Motivationen zur Umsetzung von kognitiv repräsentierten Verhaltensabsichten durch Verkörperlichungsstrategien steigern lassen (Storch, Cantieni, Hüther & Tschacher, 2006). Hierbei wird die positive Emotionalisierung und Verkörperlichung neuer problemadäquaterer Kognitionen vor allem durch die Aktivierung von psychischen Ressourcen unterstützt. In dieser Einsicht stimmen die ressourcenorientierten Beratungsansätze und die Positive Psychologie überein – auch wenn sie auf unterschiedlichen Wegen zu dieser Einsicht gelangt sind. Die Positive Psychologie hat dabei immer die Förderung der Stärken aller Menschen im Blick, während die Beratungspsychologie die Ressourcenaktivierung primär aus dem Blickwinkel der Problembewältigung anwendet. Welchen psychischen Ressourcen hier eine besondere Bedeutung für die Abkehr von materialistischen Grundhaltungen zukommt, wird ausführlich in Kapitel 4 dargestellt. Doch bevor dies möglich ist, muss noch als argumentativer Zwischenschritt im Kapitel 3 eine theoretische Konzeption für das subjektive Wohlbefinden entwickelt werden, anhand derer sich die Auswahl der in Kapitel 4 vorgestellten psychischen Ressourcen zur Förderung nachhaltiger Lebensstile begründen lässt.

# 3.
# Die Genuss-Ziel-Sinn-Theorie des subjektiven Wohlbefindens zur Förderung von immateriellen Zufriedenheitsquellen

Das subjektive Wohlbefinden ist eine zentrale Zielgröße zur Förderung immaterieller Zufriedenheitsquellen und eines kulturellen Wandels in Richtung auf nachhaltige Lebensstile. Sollten die gegenwärtig lebenden Menschen das zukünftige Leben in einer nachhaltigen Gesellschaft im Vergleich zu alternativen Lebensentwürfen nicht als positiv oder angenehm bewerten, sind keine freiwilligen und vor allem dauerhaften Verhaltensänderungen in Richtung auf eine postmaterielle und nachhaltige Lebensweise zu erwarten.

## Begriffliche und empirische Grundlagen

Die Bewertung des eigenen Wohlergehens bzw. der individuellen Lebensqualität lässt sich durch subjektive und objektive Indikatoren empirisch operationalisieren (Stiglitz, Sen & Fitoussi, 2009). Die objektiven Indikatoren beziehen sich auf materielle (zum Beispiel Einkommen, gesundheitliche Versorgungen) und immaterielle Lebensbedingungen (zum Beispiel Bildung, Partizipationsmöglichkeiten) und lassen sich vergleichsweise eindeutig erfassen bzw. messen. Die subjektive Seite der Lebensqualität lässt sich hingegen nicht so eindeutig operationalisieren. Stattdessen können unterschiedliche Facetten in der subjektiven Bewertung der individuellen Lebensqualität differenziert werden, die jeweils zu unterschiedlichen Operationalisierungen führen (Diener, 2009). Als ein Synonym für die individuelle Lebensqualität wird häufig auch der Begriff des Glücks verwendet. Doch ähnlich wie die individuelle Lebensqualität ist auch der Glücksbegriff mit so vielen Konnotationen verbunden, dass sich dieser nur über die Differenzierung verschiedener Teilaspekte empirisch operationalisieren lässt. So empfiehlt es sich zwischen der Messung von Lebenszufriedenheit und dem aktuellen körperlichen und psychischen Wohlbefinden zu unterscheiden (Bucher, 2007). Während die Bewertung der Lebenszufriedenheit stärker auf retrospektiv ausgerichteten kognitiven Bewertungen basiert, wird das subjektive Wohlbefinden stärker durch die aktuell vorhandenen emotionalen Zustände beeinflusst.

Die Bewertungen von Lebenszufriedenheit und subjektivem Wohlbefinden können dabei durchaus unterschiedlich ausfallen. So unterscheidet Kahnemann (2012) zwei Formen des Selbst, die jeweils einer eigenen Bewertungslogik folgen. Das »erlebende Selbst« beantwortet die Frage »Wie fühle ich mich jetzt in diesem Moment?«, das »erinnernde Selbst« beschäftigt sich hingegen mit der Frage »Wie war es im Großen und Ganzen?« (a. a. O., S. 470). Bei Entscheidungen lassen sich teilweise Interessenskonflikte zwischen dem erlebenden und dem erinnernden Selbst nachweisen. Das an das Gedächtnis gebundene erinnernde Selbst neigt dazu, die Zeitdauer von Erfahrungen zu vernachlässigen und stattdessen Erfahrungen zu subjektiv besonders wichtigen Zeitpunkten zu überschätzen, zum Beispiel zum Ende einer Erfahrungssequenz (»Höchststand-Ende-Regel«). Die meisten und vor allem die wichtigsten Entscheidungen des Menschen werden nicht ad hoc auf der Grundlage des momentan vorhandenen subjektiven Wohlbefindens getroffen, sondern werden vom erinnernden Selbst gesteuert. Dieses stellt jedoch aufgrund der Vernachlässigung der Zeit und der Höchststand-Ende-Regel nur allzu oft einen schlechten Ratgeber für die Maximierung des subjektiven Wohlbefindens dar. Das erinnernde Selbst unterschätzt hierbei den Wert von häufig auftretenden, aber wenig spektakulären Erfahrungen, die jedoch wiederum das subjektive Wohlbefinden maßgeblich beeinflussen, zum Beispiel das Zusammensein mit Freunden und geliebten Familienangehörigen. Diese Unterscheidung kann den empirischen Befund erklären, dass die Lebenszufriedenheit sehr wohl mit dem materiellen Status zusammenhängt, das subjektive Wohlbefinden jedoch nicht. Ferner wird die Stärke dieses Zusammenhanges durch die individuelle Wertigkeit eines hohen Einkommens beeinflusst. Bei Personen, die ein hohes Einkommen als Ziel anstreben, zeigt sich ein stärkerer Zusammenhang des Einkommens zur Lebenszufriedenheit, als bei Personen, denen dies nicht so wichtig ist. Hierdurch wird die Bedeutung von Zielen für das eigene Wohlergehen offensichtlich. Langfristige Ziele, die über die konkrete situative Bedürfnisbefriedigung hinausgehen, können nur vom erinnernden Selbst verfolgt werden. Somit ist durch die alleinige Betrachtung der momentanen Stimmungs- oder Gefühlslage des erlebenden Selbst keine angemessene Erklärung von langfristigen Planungs- und Entscheidungsprozessen möglich. Diese erweisen sich aber sehr wohl für die Beurteilung der eigenen Lebensqualität als relevant. So kommt Kahnemann zu dem Schluss »Die Lebenszufriedenheit ist kein fehlerhaftes Maß des erlebten Wohlbefindens ... Sie ist etwas völlig anderes« (a. a. O, S. 489) und zu der Empfehlung »Wir müssen uns mit der Komplexität einer hybriden Sichtweise abfinden, bei der das Wohlbefinden beider Selbste berücksichtigt wird« (a. a. O., S. 496). Dadurch wird die Messung der subjektiven Seite der Lebensqualität zu einer komplexen Angelegenheit.

Diese Komplexität spiegelt sich auch in der gesamten Forschung zur Messung des subjektiven Wohlbefindens (subjective well-being) wider. Schon bei der Einführung dieses Konstruktes in den 80er Jahren ist zwischen den drei Komponenten Lebenszufriedenheit (life satsifaction), positiven Emotionen (positiv affect) und negativen Emotionen (negative affect) differenziert worden (Diener, 1984). Später wurde noch die Notwendigkeit der bereichsspezifischen Operationalisierung der Lebenszufriedenheit erkannt (Diener, Suh, Lucas & Smith, 1999). Weiterhin werden kognitive und emotionale Komponenten des subjektiven Wohlbefindens unterschieden: Die allgemeine und bereichsspezifische Lebenszufriedenheit kennzeichnet dabei die kognitive Komponente, positive und negative Emotionen die emotionale Komponente hinsichtlich der Bewertungsdimension angenehm vs. unangenehm (Schimmack, 2008, S. 97). Diese vier Komponenten weisen komplexe wechselseitige Zusammenhänge auf, wobei die positiven und negativen Aspekte der emotionalen Komponente als unabhängiger voneinander zu bewerten sind als die allgemeinen und die bereichsspezifischen Lebenszufriedenheiten der kognitiven Komponente (Schimmack, 2008, S. 117 f.). Auch wenn an dieser Stelle kein allgemein anerkanntes Messmodell des subjektiven Wohlbefindens präsentiert werden kann, so existiert mittlerweile ein gesichertes Wissen über die Stärken und Schwächen unterschiedlicher Messverfahren. Hiernach sollte je nach Erkenntnisinteresse darüber entschieden werden, welche Indikatoren zur Erfassung der subjektiven Lebensqualität eingesetzt werden (OECD, 2013).

Im weiteren Gang der Analyse werden bei der Bestimmung von psychischen Ressourcen zur Förderung eines nicht an materiellen Werten orientierten Wohlstandes – aus Gründen der Vollständigkeit – sowohl kognitive als auch emotionale Aspekte des subjektiven Wohlbefindens berücksichtigt. Diese Strategie wird auch in Surveys zur Erfassung der Lebensqualität auf nationaler Ebene angewendet, so im Gallup-Healthways Well-Being Index in den Vereinigten Staaten von Amerika (Gallup Healthway, 2009) oder im Gross National Happiness Index für Bhutan (Centre for Bhutan Studies, o. J.). In beiden Surveys stützt sich die Bewertung der subjektiven Lebensqualität jedoch nicht nur auf Angaben zur Lebenszufriedenheit und zum momentanen emotionalen Erleben, sondern auch auf Bewertungen zur objektiven Lebenssituation hinsichtlich Arbeit, Gesundheit, Umwelt und dem sozialen Zusammenleben. So geht im Gross National Happiness Index das psychologische Wohlbefinden beispielsweise nur mit einer Gewichtung von 1/9 in den Gesamtindex ein. Mittlerweile scheint sich die Einsicht in die Notwendigkeit zu erhöhen, die Lebensqualität nicht nur über objektive und dann vorzugsweise ökonomische Indikatoren wie dem Bruttonationaleinkommen (BNE) zu bestimmen, sondern ebenso durch subjektive Indikatoren zu erweitern, wie dies zum Beispiel in dem Better Life Index der OECD umgesetzt wurde (Delhey & Kroll, 2012).

Neben der reliablen und validen Messung der subjektiven Bewertungen von Lebensqualität wurden weiterhin deren vielfältige Einflussfaktoren untersucht. Der Schwerpunkt der bisherigen Analysen liegt hierbei auf dem Nachweis von Zusammenhängen zwischen dem subjektiven Wohlbefinden, sowohl mit objektivierbaren Merkmalen der materiellen (zum Beispiel Einkommen, Infrastruktur), als auch der immateriellen Lebensbedingungen (zum Beispiel Bildung, Gesundheit) (Veenhoven, 2008, S. 248; OECD, 2011, S. 278). Dieser Fokus erklärt sich vermutlich am ehesten aus dem Erkenntnisinteresse, das subjektive Wohlbefinden über politische und ökonomische Steuerungsmaßnahmen zu verbessern, die sich in der Regel auf die Verbesserung der materiellen und immateriellen Lebensbedingungen beziehen. Die psychischen Voraussetzungen des subjektiven Wohlbefindens entziehen sich hingegen weitgehend einer politischen oder ökonomischen Steuerung. Für einen kulturellen Wandel müssen diese psychischen Einflussfaktoren jedoch in jedem Fall berücksichtigt werden, weil sich dieser nicht allein durch Veränderungen der materiellen und immateriellen Lebensbedingungen initiieren lässt. Hierfür ist auch das auf Freiwilligkeit beruhende Commitment und Handeln aller beteiligten Akteure und damit auch von BürgerInnen und KonsumentInnen erforderlich.

Welche Faktoren das subjektive Wohlbefinden auf der psychologischen, sozialen und kulturellen Ebene beeinflussen, haben Sheldon & Hoon (2006) in ihrem Sechs-Ebenen-Modell empirisch überprüft. Auf der (1) psychologischen Ebene wurden Persönlichkeitseigenschaften, die Befriedigung der drei Grundbedürfnisse nach Autonomie, Kompetenz und Zugehörigkeit, die Erreichung persönlicher Lebensziele, verschiedene Aspekte des Selbstwertes, auf der (2) sozialen Ebene die soziale Unterstützung allgemein und im Speziellen der Autonomie sowie auf der (3) kulturellen Ebene die Zugehörigkeit zur nordamerikanischen Kultur und zur Kultur von Singapur in ihrem Einfluss auf das subjektive Wohlbefinden überprüft. Hierbei zeigten sich auf der Grundlage von Regressionsanalysen, sowohl bei den Einwohnern der Vereinigten Staaten als auch von Singapur, positive Zusammenhänge zwischen der Kompetenzbedürfnisbefriedigung, dem Selbstwert und der sozialen Unterstützung mit dem subjektiven Wohlbefinden. Ein negativer Zusammenhang war zum Persönlichkeitsmerkmal des Neurotizismus (emotionale Instabilität) nachweisbar. Zusätzlich zeigen sich in der US-amerikanischen Stichprobe schwache positive Zusammenhänge des subjektiven Wohlbefindens zur Zielorientierung und zum männlichen Geschlecht. Diese Befunde machen zum einen deutlich, dass unterschiedliche innerpsychische Prozesse der Informationsverarbeitung und -bewertung das subjektive Wohlbefinden beeinflussen. Zum anderen verweisen die Befunde auf die zentrale Frage innerhalb der Positiven Psychologie, auf welche Weise sich das subjektive Wohlbefinden durch gezielte Interventionen fördern lässt.

Drei übergeordnete Bereiche an potenziellen Einflussfaktoren des subjektiven Wohlbefindens lassen sich zur Klärung dieser Frage differenzieren: (1) Angeborene Eigenschaften, (2) Kontext- und Umweltfaktoren außerhalb der individuellen Kontrolle und (3) durch das Bewusstsein beeinflussbare Einstellungen und Verhaltensweisen. Lyubomirsky, Sheldon & Schkade (2005) haben nach einer umfangreichen Sichtung des vorliegenden empirischen Datenmaterials eine Quantifizierung für diese drei Bereiche an Einflussfaktoren vorgenommen: 50 Prozent des individuellen Glücksempfindens sind hiernach durch genetische Veranlagung, 10 Prozent durch Kontextfaktoren und 40 Prozent durch intentionales Verhalten bestimmt. Hieraus ziehen Lyubomirsky und ihre beiden Kollegen den Schluss, dass 40 Prozent des subjektiven Wohlbefindens durch bewusste Entscheidungen beeinflussbar sind. Diese Quantifizierung steckt den Handlungsrahmen für psychologische Interventionen zur Förderung des subjektiven Wohlbefindens ab. Gleichzeitig wird hierdurch offensichtlich, dass sich die subjektiven Bewertungen zur Lebensqualität keinesfalls allein über die politische und ökonomische Gestaltung der externen Lebensbedingungen steuern lassen. Nach Lyubomirsky und Sheldon wird das subjektive Wohlbefinden durch die Kontextfaktoren der materiellen Lebenssituation nur in einem Umfang von weniger als 10 Prozent bestimmt. Dies entspricht übrigens ziemlich genau der durchschnittlichen Korrelation von .15 bis .20 zwischen materiellem Wohlstand und subjektivem Wohlbefinden in wohlhabenden Gesellschaften. Stattdessen betont die Quantifizierung von Lyubomirsky und Sheldon die Bedeutung von angeborenen Merkmalen, wie Persönlichkeitseigenschaften und Temperamenten, für das subjektive Wohlbefinden.

Diese hohe Bedeutung genetischer Veranlagungen wird aber keineswegs konsensuell von allen VertreterInnen der Positiven Psychologie geteilt, sondern muss kritisch hinterfragt werden. So weist eine Vielzahl von empirischen Befunden darauf hin, dass sich das individuelle Glücksempfinden sehr wohl durch externe Lebensbedingungen beeinflussen lässt und nicht nur durch ein genetisch festgelegtes individuelles Glücksniveau, dem sogenannten »setpoint« des Glücks. Zum einen basieren die Aussagen zur hohen Erblichkeit nur auf einer kleinen Anzahl von Studien, die auf Stichproben mit Zwillingspaaren basieren. So wird in diesem Zusammenhang wiederholt auf die Ergebnisse von Analysen aus dem Minnesota Twin Registry verwiesen Lykken & Tellegen, 1996). Eine aktuellere Studie zu den Zusammenhängen von Lebenszufriedenheit, Ängstlichkeit und Depression von Zwillingen in Norwegen kommt jedoch zu anderen Ergebnissen (Nes, Czajkowski, Røysamb, Reichborn-Kjennerud & Tambs, 2008). Hiernach wird die Lebenszufriedenheit bei Frauen zu 75 Prozent und bei Männern zwischen 40 und 50 Prozent durch Umwelteinflüsse bestimmt. Weiterhin gibt es eine Vielzahl an empirischen Studien, die nachweisen, dass sich nach kritischen Lebensereignissen wie Verlust des Arbeitsplatzes (Lucas, Clark, Georgellis & Diener 2004) oder Scheidung (Lucas, 2005), die Lebenszufriedenheit durchaus dauerhaft verringert und nicht wieder auf den Wert vor den kritischen Lebensereignissen einpendelt. In einer Metaanalyse konnten Luhmann, Eid, Hofmann & Lucas (2012) weiterhin aufzeigen, dass unterschiedliche arbeits- und familienbezogene kritische Lebensereignisse, wie der Tod eines Partners, Scheidung, Arbeitslosigkeit oder Renteneintritt, sich sowohl spezifisch auf die emotionale, als auch auf die kognitive Dimension der Lebenszufriedenheit auswirken. Bei der Arbeitslosigkeit und dem Verlust des Partners zeigten sich hier unmittelbar stärkere negative Effekte auf das subjektive Wohlbefinden als bei der Scheidung oder beim Renteneintritt. Gleichzeitig war hinsichtlich der Arbeitslosigkeit und der Scheidung eine stärkere Anpassung in Richtung auf das ursprüngliche Niveau des subjektiven Wohlbefindens zu beobachten.

Trotz der sich zunehmend ausdifferenzierenden Einsichten hinsichtlich des Zusammenhanges von Anlage- und Umweltfaktoren beim subjektiven Wohlbefinden, kann auf Grundlage des vorliegenden Datenmaterials schon jetzt der Schluss gezogen werden, dass sich der genetische Einfluss auf das subjektive Wohlbefinden begrifflich präziser als ein »Set-Range« anstatt eines »Set-Point« beschreiben lässt. Der Set-Range bestimmt damit einen Bereich, in dem das subjektive Wohlbefinden dauerhaft beeinflusst werden kann. Für einzelne Personen, kann dieser beeinflussbare Bereich übrigens weit über 40 Prozent des individuellen Glücksempfindens hinausgehen und im Einzelfall annähernd bis zu 100 Prozent betragen. Die schon bereits erwähnte Quantifizierung von 40 Prozent stellt das Resultat von gruppenstatistischen Analysen dar und beschreibt damit den Mittelwert in einer Stichprobe aus vielen Personen. Damit ist keineswegs ausgeschlossen, dass für einzelne Personen eine ganz andere Quantifizierung der Einflussfaktoren wirksam ist, die jedoch dann bei der Berechnung der durchschnittlichen Einflussquotienten in einer Personenstichprobe ausgemittelt werden (Diener, 2008, S. 496 ff.).

Ebenso muss bei der Bewertung von Kontexteffekten immer mit bedacht werden, dass die individuellen Bewertungen des subjektiven Wohlbefindens durch kulturelle Bewertungen mitbestimmt werden, die nur schwer zu quantifizieren sind. So hängt beispielsweise die Bedeutung des materiellen Wohlstandes für das subjektive Wohlbefinden immer auch davon ab, wie hoch der Wert der Gleichheit in einer Kultur bewertet wird. So wirkt sich ein geringer materieller Status bei einer hohen kulturellen Akzeptanz für soziale Ungleichheiten nicht so stark auf das subjektive Wohlbefinden aus. Dies gilt jedenfalls so lange wie die Möglichkeiten zur Teilnahme an erwünschten gesellschaftlichen Aktivitäten nicht deutlich eingeschränkt werden, wie der Zugang zu Bildungseinrichtungen oder der Besuch von kulturellen Veranstaltungen. Abschließend bleibt festzuhalten, dass unabhängig von schwer bestimmbaren Quantifizierungen ein großer Anteil des subjektiven Wohlbefindens von bewussten Entscheidungen und intentionalem Verhalten abhängig ist. Psychologische Interventionen können das subjektive Wohlbefinden fördern, indem sie unbewusste und automatisierte Gedanken- und Verhaltensmuster der Reflexion zugänglich machen und bei entsprechender Einsicht zielgerichtete Veränderungsprozesse in Richtung auf immaterielle und nachhaltige Zufriedenheitsquellen initiieren.

Bevor auf die Zielgrößen dieser Veränderungsprozesse ausführlicher eingegangen wird, müssen vorher die psychologischen Funktionen einer stark auf materiellen Werten und Konsum ausgerichteten Lebensweise erläutert werden. Denn nur wenn klar ist, warum ein materialistischer Lebensstil gegenwärtig von so vielen Menschen praktiziert wird, können effektive Strategien zur Förderung eines stärker an immateriellen Werten orientierten Lebensstiles entwickelt werden. In der empirisch orientierten psychologischen Forschung finden sich hierzu erstaunlich wenige Beiträge. Eine Ausnahme stellen hier die Arbeiten von Tim Kasser dar, der sich kontinuierlich über zwei Jahrzehnte mit den Zusammenhängen von materialistischen Werten und der Lebenszufriedenheit bzw. dem subjektiven Wohlbefinden beschäftigt hat. Er beurteilt die Effekte einer materialistischen Grundorientierung auf die subjektive Lebenszufriedenheit insgesamt als negativ: »The more materialistic values are at the center of our lives, the more the quality of life is diminished« (Kasser, 2002, S. 14). Kasser benennt in seinem Werk »The High Price of Materialism« drei Gründe warum eine materialistische Grundhaltung das subjektive Wohlbefinden gefährdet: (1) der Materialismus nährt ein Unsicherheitsgefühl, (2) er bedroht durch seine niemals vollständig erfüllbaren Wünsche das Selbstwertgefühl der meisten Menschen (3) und stört damit den authentischen Kontakt zu anderen Menschen (Kasser, 2002, S. 73). Auf diese Weise werden drei grundlegende Bedürfnisse des Menschen durch eine materialistische Grundorientierung bedroht: das Bedürfnis nach Sicherheit, nach Selbstbewusstsein und nach Zugehörigkeit.

Wie ist es zu erklären, dass trotz dieses hohen psychologischen Schadenspotenziales eine materialistische Grundhaltung von so vielen Menschen in den früh industrialisierten Ländern gelebt wird? Dies ist vor allem darauf zurückzuführen, dass dem Konsum materieller Güter in modernen, hoch individualisierten Gesellschaften eine identitätsstiftende Funktion zukommt. In den auf Konkurrenz- und Innovationsdruck basierenden Gesellschaften kann der Einzelne seinen sozialen Status am einfachsten über den Besitz kostbarer Güter demonstrieren: »Wenn ich viel besitze, werde ich deswegen von anderen Menschen wertgeschätzt.« Dieser Glaubenssatz stellt die wesentliche Motivationsquelle für das Handeln von vorwiegend materiell orientierten Menschen dar. Aber nicht nur der soziale Status lässt sich durch materiellen Besitz symbolisieren, sondern auch ganz generell die Zugehörigkeit zu spezifischen sozialen Bezugsgruppen. Der moderne Mensch wird in der Risikogesellschaft in seine sozialen Bezugsgruppen kaum noch hineingeboren. Er muss sich seine Freundschaften und Mitgliedschaften in sozialen Netzwerken im Laufe seiner Sozialisation weitgehend selbst erarbeiten. Auch die Familie bietet im Zeitalter hoher Scheidungsraten und daraus resultierender Patchwork-Familien sowie zunehmender räumlicher Mobilität, keine Garantie mehr für die lebenslange Mitgliedschaft in sozialen Netzwerken. Die Mitgliedschaft und das Gefühl der sozialen Zugehörigkeit sind in modernen Konsumgesellschaften stark an materielle Symbole geknüpft, die käuflich erworben werden und dann für alle gut sichtbar präsentierbar sein müssen, wie das passende Pkw-Modell oder die Mitgliedschaft im statusadäquaten Sportverein. Zugespitzt kommt dem materiellen Konsum damit die Funktion einer Identitätsprothese zu: Je unsicherer, mit wenig Selbstbewusstsein ausgestattet und sozial isolierter eine Person ist, desto anfälliger ist sie für identitätsprothetische und damit kompensatorische Formen des materiellen Konsums. Dies wird durch empirische Studien belegt, die einen erhöhten Gebrauch von Statussymbolen bei Personen mit niedrigem Selbstbewusstsein nachweisen (Kasser, 2002, S. 56).

Der Wettlauf in Richtung auf immer mehr und neu ausgerufene materielle Identitätssymbole wird durch soziale Vergleichsprozesse verursacht, an denen sich der Mensch als sozial interagierendes Wesen unausweichlich beteiligt. In sozialen Vergleichsprozessen setzt sich der Einzelne zu seinen als relevant erachteten sozialen Referenzgruppen in Beziehung und überprüft seinen Status im Verhältnis zu den anderen Gruppenmitgliedern. Wenn soziale Gruppen die Zugehörigkeit ihrer Mitglieder stark an materiellen Statussymbolen ausrichten, resultiert daraus für den einzelnen ein Konsumzwang. Soziale Integration und damit auch individuelle Identität wird hiernach maßgeblich durch gruppenspezifische Konsumakte mitbestimmt. Diese sozialpsychologische Dynamik gilt für den Golfclub ebenso wie für moderne Konsumgesellschaften insgesamt. Vor dem Hintergrund dieser konsumkritischen Diagnose schlägt Kasser (2002) eine ursächliche Therapie gegen den übermäßigen kompensatorischen – oder von Haidt (2006, S. 99) auch als demonstrativen (conspicuous) bezeichneten – Konsum vor: Das Autonomieerleben der Menschen muss unabhängig von materiellen Gütern gestärkt werden. Weiterhin muss das Selbstbewusstsein gefördert und Formen sozialen Zusammenhalts unterstützt werden, die so weit wie möglich ohne materiell gebundene bzw. mit ökologischen

Rucksäcken beladene Symbole auskommen. Mit diesen drei Strategien sind bereits drei wesentliche psychische Ressourcen angesprochen, die im Rahmen der Transformation einer materialistischen Konsumgesellschaft in eine Postwachstumsgesellschaft aktiviert werden müssen: Autonomieerleben, Selbstbewusstsein und das Gefühl von sozialer Zugehörigkeit.

Bei aller Kritik am kompensatorischen Konsum dürfen jedoch nicht die positiven Seiten des materiellen Wohlstandes aus dem Blick geraten. Dies ist umso wichtiger, als das es sich bei der modernen Konsumgesellschaft historisch gesehen immer noch um ein einmaliges Erfolgsmodell handelt, dessen psychologische Schattenseiten erst seit kurzem deutlicher zu Tage treten. Die moderne Konsumgesellschaft ist dabei so erfolgreich, weil sie in besonderer Weise menschliche Bedürfnisse befriedigen kann. Konsumgenuss ist nämlich für die meisten Menschen eine leicht zu erschließende Quelle des Wohlbefindens. Da Konsumgüter in allen Preislagen angeboten werden, können sich alle Menschen, wenn ihnen auch nur etwas Einkommen zur Verfügung steht, das positive Erlebnis des Erwerbs und der anschließenden Nutzung von materiellen Gütern und Dienstleistungen verschaffen. Eine besondere Bedeutung kommt hier sicherlich dem Moment des käuflichen Erwerbs eines Produktes zu. Dieser befriedigende bis lustvolle Erlebnisgehalt des Kaufens hängt nur zum Teil vom materiellen Wert des erworbenen Gutes ab. Da die meisten Menschen sich nicht permanent Autos oder Wohnungen leisten können, erfüllen auch weniger kostenintensive Produkte, wie Kleidungsstücke, Bücher oder audiovisuelle Medien diese psychologische Funktion. In den modernen Konsumkulturen ist der Erwerb von Konsumgütern mittlerweile rund um die Uhr möglich. Das Shopping hat sich dort zu einer häufig praktizierten Form der Emotionsregulation entwickelt, deren positive Wirkungen sich nicht vollständig negieren lassen. »However, although shopping is not the royal road to lifelong happiness, it might give many people boosts of pleasure – which is harmless, as long as it is no addiction« (Diener & Biswas-Diener 2008, S. 108).

Ebenso relativieren Einsichten aus der sozialwissenschaftlichen und mikroökonomischen Forschung den direkten Schaden, der aus dem Streben nach materiellem Wohlstand resultiert. Entscheidend ist hiernach nämlich nicht, ob man viel Geld besitzt oder nicht, sondern wofür man sein Geld einsetzt. Dunn, Gilbert & Wilson (2011) formulieren acht Regeln für die Verwendung von Geld, die zu einem höheren Glücksempfinden führen. Diese reichen von Empfehlungen »besser viele kleine Dinge zu kaufen, als wenige große« und den Blick beim Kauf nicht nur auf den Nutzen für die eigene Person, sondern auch für andere Personen zu richten. Weiterhin wird auch zum Kauf von Erfahrungen anstatt von materiellen Gütern geraten. Neben dem Einsatz des Geldes kommt hier auch der Haltung gegenüber dem eigenen materiellen Wohlstand eine entscheidende Bedeutung zu. So wird eine materialistische Grundhaltung nicht dadurch bestimmt, wie viel Geld einer Person zur Verfügung steht, sondern wie wichtig dieser Person das Streben nach materiellem Besitz und das hierdurch vermittelte Ansehen ist. Diener und Biswas-Diener fassen ihre Erkenntnisse zum Zusammenhang von Geld und Wohlbefinden gleichermaßen prägnant wie differenziert zusammen: »… it is generally good for your happiness to have money, but toxic to want money too much. A high income can help happiness, but is no sure path to it. Therefore, readers must determine the motives underlying their desire for money, and not sacrifice too much in the pursuit of wealth. It is important not only to spend wisely, but to earn it wisely as well« (Diener & Biswas-Diener, 2008, S. 111).

Die vermutlich größte Herausforderung für einen kulturellen Wandel in Richtung auf eine nachhaltige Entwicklung resultiert aus der Möglichkeit, das subjektive Wohlbefinden nicht nur durch die Anhäufung materieller Güter, sondern durch eine Erweiterung der Bandbreite von Aktivitäten und Erlebnissen zu erhöhen (Sheldon, 2011, S. 80). In der Erlebnisgesellschaft (Schulze, 1995) ist der identitätsstiftende symbolische Konsum nicht mehr an den Besitz materielle Güter gebunden, sondern resultiert aus spezifischen Erlebnissen und Erfahrungen. Am deutlichsten drückt sich diese Form des Konsums in dem Reisebedürfnis der meisten BewohnerInnen der wohlhabenden Länder aus. Je weiter hier die Reiseziele entfernt liegen, desto höher steigt in der Regel die Wahrscheinlichkeit an, mit der Reise neue und spannende Erlebnisse erfahren zu können. Das Phänomen von ökologisch motivierten Personen, die im Alltag Bioprodukte kaufen, jedoch mit ihren Fernreisen die Umwelt belasten, deutet auf diese Problematik einer spezifischen, aber weit verbreiteten Form der individuellen Regulation subjektiven Wohlbefindens hin. Eine Beschränkung der Möglichkeiten zum Erlebniskonsum würde auf enorme Widerstände in breiten Kreisen der Bevölkerung treffen. Also müssen Alternativen zu Erlebnissen gefunden werden, deren Realisierung ein immer Weiter, Schneller und Größer und damit auch einen immer größeren Einsatz von materiellen Ressourcen erforderlich machen. Ein erster wichtiger Schritt in diese Richtung wäre die Häufigkeit solcher Erlebnisse dadurch zu begrenzen, dass sich beim Einzelnen durch ein intensives und positives Erleben seiner alltäglichen Lebenswelt das Bedürfnis nach immer neuen Erfahrungen verringert. Hiernach könnte das kulturell mittlerweile stark verankerte Bedürfnis nach Erlebnisvielfalt durch ein gesteigertes Bedürfnis nach Erlebnisintensitäten kompensiert werden. Zur Unterstützung dieses Überganges von Erlebnisquantitäten in Erlebnisqualitäten bietet die ressourcenorientierte Beratung konkrete Strategien und Verfahren zur Steigerung der Achtsamkeit und Genussfähigkeit an, auf die im folgenden Kapitel 4 ausführlicher eingegangen wird.

Nach diesen Vorüberlegungen kann als Grundlage für die Ableitung von Strategien zur Förderung von Postwachstumsgesellschaften ein theoretischer Bezugsrahmen für das subjektive Wohlbefinden formuliert werden, der die folgenden vier Bedingungen erfüllt:

1. Dieser bezieht sich auf die subjektiven Dimensionen von Lebensqualität und berücksichtigt dabei sowohl kognitive Aspekte der Lebenszufriedenheit (erinnerndes Selbst), als auch emotionale Aspekte des subjektiven Wohlbefindens (erfahrendes Selbst),

2. nimmt Bezug zu den psychischen Einflussfaktoren des subjektiven Wohlbefindens, die im Rahmen psychologisch fundierter Interventionen in Richtung auf eine Steigerung des subjektiven Wohlbefindens verändert werden können,

3. berücksichtigt hierbei in differenzierter Weise sowohl die Gefahren, als auch die positiven Effekte des materiellen Wohlstandes auf das subjektive Wohlbefinden

4. und weist dabei Bezüge zu immateriellen Quellen des subjektiven Wohlbefindens auf.

### *Genuss-Ziel-Sinn-Theorie des subjektiven Wohlbefindens*

Der wichtigste Baustein der Theorie des subjektiven Wohlbefindens besteht in der Unterscheidung von drei grundlegenden Strategien, mit deren Hilfe sich das subjektive Wohlbefinden steigern lässt. Seligman (2002, S. 262 f.) hat in seinen Ausführungen zur »authentic happiness« drei Wege zur Steigerung einer authentischen und damit glücklichen Lebensführung unterschieden: pleasant life, good life und meaningful life. Seligman ist in seiner Terminologie jedoch nicht sehr konsequent und verwendet unterschiedliche Begriffe für seine Strategien. So bezeichnet er diese an anderer Stelle mit einem stärkeren Bezug zu philosophischen Theorien auch als »Hedonic Theory«, »Desire Theory« und »Objective List Theory« (Seligman & Royzman, 2003), wodurch ihr Inhalt für das hier entwickelte Konzept eigentlich präziser erfasst wird. In ihrer deutschen Übersetzung hat Frank (2010) die drei Strategien mit dem »vergnüglichen Leben«, dem »engagierten Leben« und dem »sinnbestimmten Leben« übersetzt, was vermutlich am besten den Kern der hier adaptierten Unterscheidung von Seligman erfasst. Für Seligman ist das pleasant life vor allem mit dem Erleben von positiven Emotionen verbunden. Das good life resultiert aus dem Entfalten der Stärken, die jede Person auszeichnen und die soweit wie möglich in den unterschiedlichen Bereichen des Lebens in Handeln umgesetzt werden sollten. Dieses Ausleben der eigenen Signaturstärken fördert nach Seligman das Glücksempfinden. Das sinnvolle Leben »adds one more component to the good life – the attachment of your signature strenghts to something larger« (Seligman, 2002, S. 263). Hier wird das individuelle Glücksempfinden durch eine Ausrichtung des Lebens auf überindividuelle Werte wie Gerechtigkeit, Liebe oder das Göttliche gesteigert. In einem kurzen Kommentar verweist Seligmann noch auf das erfüllte Leben (full life), das als Resultat der parallelen Anwendung aller drei Strategien anzusehen ist. Hierin besteht auch der Kern der hier entworfenen Genuss-Ziel-Sinn-Theorie des subjektiven Wohlbefindens: Aus der Vielfalt an Weisheitslehren und philosophischer Reflexion können letztlich drei allgemeine Strategien der guten Lebensführung identifiziert werden – Genusserleben, Zielerreichung und Sinnkonstruktion. Alle drei fördern in spezifischer Weise das subjektive Wohlbefinden. Dabei schließen sich die drei Strategien inhaltlich nicht aus, sondern können durchaus parallel verfolgt werden.

Die hier formulierte Genuss-Ziel-Sinn-Theorie unterscheidet sich in einigen nicht unwesentlichen Details von der von Seligman vorgestellten Theorie der »authentic happiness«, die noch stark am Konzept der menschlichen Stärken orientiert ist. Letztlich benötigen die Strategien des subjektiven Wohlbefindens jedoch keinen Bezug zu den menschlichen Stärken, weil diese durch philosophisch-ethische Reflexionen zum guten Leben bereits ausreichend in ihrer Eigenständigkeit als Wege zum subjektiven Wohlbefinden anerkannt sind. So wird seit der Antike zwischen hedonistischen und eudaimonistischen Glücksformen unterschieden, die sich unschwer dem »pleasant life« und dem »good life« zuordnen lassen. Seligman selber hat seine Theorie des authentischen

Glücks in seinem aktuellen Werk »Flourishing – Wie Menschen aufblühen« (2012) in eine Theorie des subjektiven Wohlbefindens weiterentwickelt. Hierin unterscheidet er fünf Bereiche, die zur Steigerung des subjektiven Wohlbefindens beitragen: Positive Emotionen (positive emotions), Engagement (engagement), Beziehung (relationship), Sinn (meaning) und Zielerreichung (accomplishment). Durch seine zusätzliche Berücksichtigung der Zielerreichung präzisiert er seine alte Strategie des good life, die noch zu stark an der Umsetzung der Signaturstärken im eigenen Handeln orientiert war. Die Zielerreichung macht den Kern der zweiten Strategie des engagierten Lebens aus, in dem es – ganz unabhängig vom Inhalt – um das Erreichen von selbst gesteckten Zielen geht. Das Erreichen dieser Ziele vermittelt dem Handelnden Zufriedenheit und Stolz, die noch weiter dadurch gesteigert werden können, wenn die Ziele als sinnvoll betrachtet werden. Aber viele Ziele werden auch um ihrer selbst willen verfolgt oder erlangen im Laufe der Zeit eine Eigendynamik, die nicht mehr mit Sinnkonstruktionen verbunden ist. Diesem Verständnis folgend, wäre das »accomplishment« nach Seligman nur als eine Sonderform des »engagement« anzusehen, weswegen es keinen Grund gäbe, diese beiden Bereiche voneinander zu trennen. Ebenso können »relationships« jeweils den beiden anderen Bereichen »positive emotions« und »meaning zugeordnet« werden, so dass auch diese Kategorie keine grundlegend neue Strategie des subjektiven Wohlbefindens liefert.

Insgesamt helfen die von Seligman eingeführten theoretischen Unterscheidungen jedoch sehr dabei, drei grundlegende Strategien des subjektiven Wohlbefindens zu identifizieren. Dazu muss seine neuere theoretische Konzeption hinsichtlich der Kriterien Eindeutigkeit und Sparsamkeit in dem hier vorgeschlagenen Sinne präzisiert werden. Interessanterweise hat Seligman selbst in zwei empirischen Studien nachweisen können, dass das subjektive Wohlbefinden genau mit diesen drei Strategien (pursuit of pleasure, engagement, and meaning) positiv korreliert (Peterson, Park & Seligman, 2005; Schueller & Seligman, 2010). In beiden Studien zeigte sich, dass hohe Ausprägungen in allen drei Strategien zu den höchsten Werten in der Lebenszufriedenheit führen.

Aufgrund der begrifflichen Explikation und der bereits vorliegenden empirischen Befunde werden die drei Strategien der guten Lebensführung in der vorliegenden Konzeption als inhaltlich weitgehend unabhängig und gleichwertig betrachtet. Frank (2008, S. 70) verwendet für diese drei Strategien das Bild von Wegen, bzw. Haupt- und Nebenwegen, die der Einzelne auf seinem

Weg zum Glück einschlagen kann. Dieses Bild ist etwas irreführend, weil es die Parallelität der Anwendung der drei Strategien außer Acht lässt. So lässt sich nur ein Ziel zu einem Zeitpunkt auf einem Weg ansteuern. Da sich die drei Strategien aber nicht grundlegend widersprechen, können mit bestimmten Handlungen mehrere Strategien gleichzeitig verfolgt werden. Gerade das engagierte Leben und das sinnbestimmte Leben weisen hier viele Überschneidungsbereiche auf. An dieser Stelle bietet sich ein alternatives Bild aus der indischen Gesundheitslehre des Ayurveda an: Hier wird zwischen drei Bioenergien – den drei Doshas Vata, Pitta und Kapha – unterschieden, die in jedem Menschen in einer spezifischen Gewichtung angelegt sind. Diese Gewichtung ist angeboren und bestimmt den Konstitutionstyp des Menschen. Die Aufgabe ayurvedischer ÄrztInnen besteht darin, die drei Bioenergien dem jeweiligen Konstitutionstyp entsprechend auszubalancieren und damit zu harmonisieren. Krankheiten werden als Störungen der individuellen Dosha-Konstitution gesehen, die durch jeweils spezifisch auf die drei Doshas ausgerichtete Therapien behandelt werden können. So kann ein Übermaß an Vata, zum Beispiel bei der typischen Vata-Störung Blutarmut, durch körperliche Reinigungsverfahren oder eine entsprechende Ernährungsweise verringert werden.

Auf die Genuss-Ziel-Sinn-Theorie des subjektiven Wohlbefindens übertragen, besitzt jeder Mensch die Fähigkeit zur Anwendung dieser drei Strategien, jedoch in unterschiedlichem Maße. Seinen angeborenen Persönlichkeitsmerkmalen entsprechend kann er die Strategien unterschiedlich gut anwenden. Als Genussmensch wird es ihm leichter fallen, über Sinnesgenüsse das subjektive Wohlbefinden zu steigern. Trotzdem muss er sich für ein erfülltes Leben auch mit Sinnfragen beschäftigen und das Erreichen persönlicher Ziele sicherstellen. Gleiches gilt für gewissenhafte Menschen, denen die Erreichung ihrer Ziele sehr wichtig ist. Diese sollten mit Rücksicht auf ihr subjektives Wohlbefinden nicht die Kultivierung von Sinnesgenüssen vernachlässigen. Ebenso kann die alleinige Orientierung an abstrakten Sinninhalten das subjektive Wohlbefinden verringern, wenn dieses nicht durch konkrete Sinnerfahrungen gestützt wird, die aus dem Erreichen kleiner Teilziele auf dem Weg zum großen Lebensziel resultieren. In diesem Verständnis ermöglicht die Genuss-Ziel-Sinn-Theorie sowohl die Integration von empirischen Befunden zum angeborenen Set-Range des subjektiven Wohlbefindens als auch zum Konzept der Signaturstärken, deren Förderung letztlich auch zur Verbesserung des subjektiven Wohlbefindens beitragen können.

Das übergeordnete Ziel besteht nach der Genuss-Ziel-Sinn-Theorie, im Einklang mit der gesamten Positiven Psychologie, in einem erfüllten Leben. Dies ließe sich auch mit einem ausbalancierten Leben umschreiben, wenn dies von Sigry und Wu (2009) nicht bereits mit einer anderen Bedeutung belegt worden wäre. Sie betonen in ihrem Konzept des ausbalancierten Lebens zum einen die Wichtigkeit der Ausgewogenheit von Zufriedenheiten in unterschiedlichen Lebensbereichen, wie Arbeit, Familie und Freundeskreis. Zum anderen spricht ein ausbalanciertes Leben auch unterschiedliche Ebenen der Bedürfnisbefriedigung an. Hierzu sollten sowohl basale Lebensbedürfnisse, die das biologische Überleben sichern, als auch Bedürfnisse, die dem persönlichen Wachstum dienen, wie Wissenserwerb und ästhetische Bildung, befriedigt werden. In der Genuss-Ziel-Sinn-Theorie wird das erfüllte Leben hingegen als Resultat des gelungenen Ausbalancierens der drei Strategien der guten Lebensführung aufgefasst.

Die ausgewogene Anwendung der drei Strategien der guten Lebensführung erweist sich vor allem für Versuche zur Förderung einer nachhaltigen Lebensweise als besonders wichtig. Durch das Streben nach hedonistischen Genussquellen können für sich alleine genommen die ökologischen Grenzen des eigenen Handelns nicht erkannt werden bzw. erst zu spät, wenn Bedrohungen der Umweltqualität direkt wahrnehmbar werden und viele ökologische Schäden bereits irreversible Formen angenommen haben. Es besteht zwar einerseits die Hoffnung, durch eine Steigerung der Genussfähigkeit das Bedürfnis nach der Konsumhäufigkeit zu verringern und gleichzeitig das Bedürfnis nach einer Intensivierung des Genusserlebens im Sinne eines »weniger dafür besser« zu erhöhen. Andererseits zeichnet sich die hedonistische Strategie durch eine primär selbst- und gegenwartsbezogene Perspektive aus, die nicht ausreichend für kollektiv bedingte und langfristige Begrenzungen zu sensibilisieren vermag. Ebenso droht der Zielerreichungs-Strategie die Gefahr, die Notwendigkeit einer nachhaltigen Entwicklung durch Abarbeiten kurzfristiger Ziele zu übersehen. Wenn dann noch materialistische Ziele als besonders erstrebenswert angesehen werden, fühlt sich der Mensch solange wohl, wie er sich diesen materialistischen Zielen annähern kann; und genau dies charakterisiert die Entwicklung in den modernen Konsumgesellschaften. Daher ist es von besonderer Wichtigkeit, dass die individuellen Ziele in ein größeres Ganzes mit Bezug zur Ökosphäre oder zur Schöpfung eingebettet werden. In diesem Zusammenhang erhält auch die von Joseph & Linley (2011) eingeführte Unterscheidung in ein subjektives und psychologisches Wohlbefinden ihre Relevanz. Während das subjektive Wohlbefinden eine durchaus positive Gesamtbilanz erreichen kann, ist hierdurch nicht gewährleistet, dass die Belange der Gesellschaft und der Umwelt ausreichend berücksichtigt werden (Joseph & Linley, 2011, S. 53). Beim Streben nach dem psychologischen Wohlbefinden hingegen, das Joseph und Linley in Anlehnung an die eudämonische Ethik als ein Streben nach innerem Wachstum und dem guten Leben beschreiben, ist die Gefahr geringer, egoistischen und nicht nachhaltigen Tendenzen zu erliegen.

Aber auch die Ausrichtung an überindividuellen Werten wie der Nachhaltigkeit oder einem nicht auf Mehrung des materiellen Wohlstandes ausgerichteten Lebens sichert noch nicht die Umsetzung dieser Werte im individuellen Alltagsverhalten. Wenn diese Werte nur auf abstrakte Weise in den individuellen Sinnkonstruktionen repräsentiert sind, können die Widrigkeiten des Lebensalltages die Ausführung des intendierten Verhaltens nur allzu leicht verhindern. An dieser Stelle erweist es sich als vorteilhaft, wenn eine ökologisch orientierte Sinnkonstruktion durch konkret erfahrbare sinnliche Genüsse im Lebensalltag gestützt wird, die natürlich nicht im Widerspruch zu den Zielen eines nachhaltigen Konsums stehen dürfen. Ebenso wird eine ökologisch orientierte Sinnkonstruktion durch die erfolgreiche Umsetzung kleiner Nachhaltigkeits-Teilziele im konkreten Lebensalltag unterstützt, so zum Beispiel durch den vergleichsweise leicht zu organisierenden Wechsel zu einem nachhaltig orientierten Energieversorgungs- oder Finanzdienstleistungsunternehmen. Insgesamt beruht das erfüllte Leben der hier entworfenen Genuss-Ziel-Sinn-Theorie des subjektiven Wohlbefindens auf drei Säulen, die sich gegenseitig stützen und damit die Resilienz gegenüber Störungen des subjektiven Wohlbefindens erhöhen. Ein derart dreifach fundiertes subjektives Wohlbefinden erhöht auch die Wahrscheinlichkeit für nachhaltiges Verhalten: Entsprechend den empirischen Befunden von Brown und Kasser (2005) korrelieren subjektives Wohlbefinden und ökologisches Verhalten dann positiv miteinander, wenn sie jeweils durch intrinsische – also explizit nicht materialistische – Werte und von einer achtsamen Haltung (mindfulness) gestützt werden.

Tabelle 1 fasst die Grundaussagen der Genuss-Ziel-Sinn-Theorie des subjektiven Wohlbefindens zusammen und stellt einen Zusammenhang zum Ziel der Förderung von immateriellen Zufriedenheitsquellen her. Die in der zweiten Spalte aufgeführten sechs psychischen Ressourcen zur Förderung einer guten Lebensführung sind bereits mehrfach auf implizite Weise in den vorangegangenen drei Kapiteln angesprochen worden. Im folgenden Kapitel 4 werden diese psychischen Ressourcen sowie ihr Potenzial zur Förderung immaterieller Zufriedenheitsquellen ausführlich erläutert.

*Tabelle 1: Strategien der guten Lebensführung, der daraus abgeleiteten psychischen Ressourcen, psychologischen Funktionen und positiven Emotionen nach der Genuss-Ziel-Sinn-Theorie des subjektiven Wohlbefindens*

| Strategien der guten Lebensführung | Psychische Ressourcen | Psychologische Funktion | Positive Emotionen |
|---|---|---|---|
| Hedonismus | Genussfähigkeit | Erlebnisintensität statt Erlebnisvielfalt<br>Förderung immaterieller Genussquellen | Sinnliche Genüsse<br>Ästhetisch-intellektuelles Wohlbefinden |
| Zielerreichung | Selbstakzeptanz<br>Selbstwirksamkeit | größere Unabhängigkeit gegenüber sozialen Vergleichsprozessen<br>Stärkung von Handlungskompetenzen | Zufriedenheit<br>Stolz<br>Flow |
| Sinn | Achtsamkeit<br>Sinnkonstruktion<br>Solidarität | Orientierung an überindividuellen Zielen<br>Motivation zu kollektiven Aktionen | Gelassenheit<br>Sicherheit<br>Zugehörigkeit<br>Vertrauen |

# 4.
# Psychische Ressourcen zur Steigerung des subjektiven Wohlbefindens

Im Folgenden werden sechs psychische Ressourcen vorgestellt, von denen erwartet wird, dass sie die Bedeutung immaterieller Zufriedenheitsquellen für Menschen erhöhen und damit zu einem nachhaltigen Lebensstil beitragen. Hierbei handelt es sich um (1) Genussfähigkeit, (2) Achtsamkeit, (3) Selbstakzeptanz, (4) Selbstwirksamkeit, (5) Sinnkonstruktion und (6) Solidarität. Diese Ressourcen wirken nicht in gleicher Weise und mit der gleichen Intensität in die Richtung eines an immateriellen Quellen orientierten subjektiven Wohlbefindens. Genussfähigkeit, Selbstakzeptanz und Selbstwirksamkeit sind dabei als drei Ressourcen anzusehen, welche das Fundament für eine starke Persönlichkeit bilden, die – ganz im Sinne des humanistischen Menschenbildes – durch die Verwirklichung eigener Bedürfnisse und das Verfolgen eigener Ziele charakterisiert ist. Eine derartig gestärkte Persönlichkeit ist jedoch nicht hinsichtlich der Ziele ihres Handelns festgelegt. So kann eine genussfähige und selbstbewusste Person mit hohen Selbstwirksamkeitserwartungen durchaus einen sehr materialintensiven und damit ökologisch wenig nachhaltigen Lebensstil praktizieren.

Daher müssen die drei fundierenden Ressourcen durch die drei zielbildenden Ressourcen Achtsamkeit, Sinnkonstruktion und Solidarität ergänzt werden, um eine Orientierung an immateriellen Zufriedenheitsquellen zu fördern. Die drei zielbildenden Ressourcen können dabei keine Orientierung an immateriellen Zufriedenheitsquellen garantieren. Sie können nur die Wahrscheinlichkeit erhöhen, dass eine Hinwendung zu immateriellen Zufriedenheitsquellen erfolgt. In diesem Sinne verordnen die drei zielbildenden Ressourcen auch keine spezifischen Werte, sondern setzen stattdessen Reflexionsprozesse in

Gang, aus denen heraus bereits bestehende Wertorientierungen gestärkt oder neue Wertorientierungen aufgebaut werden können. Die drei zielbildenden Ressourcen zeichnen sich hierbei durch Unterschiede in der inhaltlichen Ausrichtung der initiierten Reflexionsprozesse aus. Die Sinnkonstruktion ist als weitgehend inhaltsneutral anzusehen, da sie nur das Ziel vorgibt, Sinnzusammenhänge für das eigene Leben immer wieder neu zu aktualisieren. Der Inhalt der Sinnkonstruktionen ist dabei völlig unbestimmt und muss nur ein bestimmtes Maß an Kohärenz und Stimmigkeit aufweisen, um dem Einzelnen ein Gefühl der Sicherheit vermitteln zu können.

Die psychische Ressource der Solidarität zielt auf eine Stärkung des gemeinschaftlichen Handelns ab und erhöht damit das Gefühl der sozialen Zugehörigkeit. Die Ziele des solidarischen Handelns sind dabei inhaltlich nicht festgelegt, sondern müssen über weitere Reflexionsprozesse bestimmt werden. Andernfalls besteht die Gefahr, dass sich das solidarische Handeln nur auf die Ziele der eigenen sozialen Bezugsgruppen beschränkt und nicht die Menschheit als Ganzes in den Blick nimmt. Diese universalistische Perspektive ist als Voraussetzung für die Übernahme einer intragenerativen und intergenerationellen sozialen Verantwortung anzusehen, die ihrerseits das normative Fundament für eine nachhaltige Entwicklung bildet.

Da die beiden zielbildenden Ressourcen der Sinnkonstruktion und Solidarität diese Ausrichtung auf Nachhaltigkeits- und Postwachstumsziele nicht alleine sicherstellen können, kommt der Achtsamkeit eine besondere Funktion als zielbildende Ressource zu. Das Kultivieren von Achtsamkeit trägt das größte Potenzial in sich, eine universalistische Perspektive zu entwickeln. Hierdurch kann ein selbstbezogener Fokus bzw. der Fokus der primären Bezugsgruppen im Denken und Handeln unabhängig von spezifischen weltanschaulichen Überzeugungen überwunden werden.

Diese besondere Zielfunktion wird dadurch ermöglicht, dass die Achtsamkeit in einem ersten Schritt den Blick auf die eigenen Empfindungen und Bedürfnisse richtet. Dies bildet dann die Grundlage für einen zweiten Schritt, in dem die Gefühle und Bedürfnisse von anderen Menschen und Lebewesen auf achtsame Weise wahrgenommen werden und somit die Grundlage für die Übernahme einer auf Mitgefühl orientierten Perspektive auf die Menschheit als Ganzes, bzw. auf alle Lebewesen geschaffen wird. Die Einnahme dieser erweiterten Perspektive ist wiederum als Voraussetzung für die Orientierung an überindividuellen Zielen und Werten anzusehen, die das Eigeninteresse

**Abb. 1:** *Wechselseitige Zusammenhänge zwischen den sechs psychischen Ressourcen zur Förderung nachhaltiger Lebensstile*

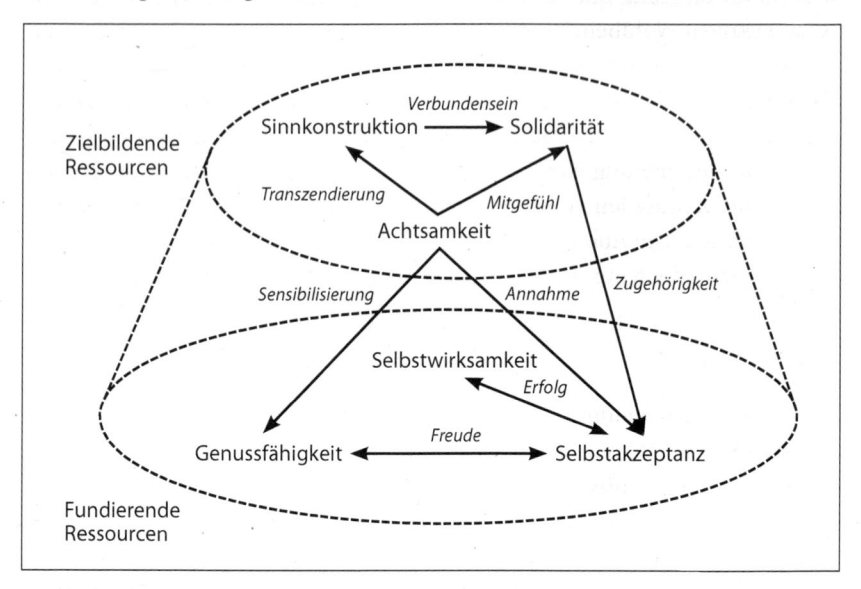

transzendieren und damit das Streben nach materiellem Reichtum und gesellschaftlichem Status abschwächen.

Letztlich kann eine Transformation von Zielen und Werten in Richtung Nachhaltigkeit und Postmaterialität auf vielfältigen und sehr unterschiedlichen Wegen erfolgen. Der hier skizzierte Ansatz verlässt sich dabei nicht auf wenig steuerbare kulturelle bzw. historische Ereigniskonstellationen, sondern entwirft eine an der Aktivierung von psychischen Ressourcen ausgerichtete Systematik. Das entscheidende Merkmal dieser Systematik besteht darin, dass sich die sechs ausgewählten psychischen Ressourcen wechselseitig stützen. Wenn aus unterschiedlichen Gründen eine der Ressourcen nicht ausreichend aktiviert werden kann, lässt sich dies durch eine oder mehrere andere Ressourcen kompensieren. Damit verhalten sich die sechs Ressourcen wie Knotenpunkte in einem dynamischen Netzwerk, das von unterschiedlichen Startpunkten aus angeregt werden und dabei unterschiedliche Zustände der Aktivierung annehmen kann. Hiernach ist es nicht zwingend erforderlich, die fundierenden Ressourcen vor den zielbildenden Ressourcen zu aktivieren (vgl. hierzu die Tabelle im Anhang). Von größerer Wichtigkeit ist es darauf zu achten, beide Gruppen von Ressourcen in einem ausgewogenen Verhältnis zu fördern. Im Einklang mit der Dosha-Metapher zur Genuss-Ziel-Sinn-Theorie des subjektiven Wohlbefindens sind für unterschiedliche Personen bzw. Gruppen von Personen spezifische Zugänglichkeiten und Resonanzen hinsichtlich der drei Strategien zur guten Lebensführung und damit auch der sechs psychischen Ressourcen zu erwarten. Diese unterschiedlichen Zugänglichkeiten müssen bei der Planung von zielgruppenspezifischen Interventionen zur Initiierung eines kulturellen Wandels in Richtung auf Postwachstumsziele berücksichtigt werden. Die Abbildung 1 veranschaulicht das Verhältnis der sechs Ressourcen zueinander, auf die im Folgenden ausführlicher eingegangen wird.

## *Genussfähigkeit*

Der Mensch besitzt aufgrund seiner sensorischen Wahrnehmungssysteme die Möglichkeit, unterschiedliche Arten von Sinnesreizen aus seiner Umwelt (zum Beispiel visuelle, auditive oder taktile) und über innere Zustände (vestibulär und propriozeptiv) zu verarbeiten. Die Wahrnehmungsinhalte werden dabei mehr oder weniger bewusst auf der Dimension »angenehm – unangenehm« bewertet. Diese für das Überleben sehr basalen Bewertungen lassen sich durch kulturell geprägte Erfahrungs- und Lernprozesse erweitern und ausdifferenzieren, wie etwa Geschmackspräferenzen beim Essen. Die Fähigkeit zum Genuss beschreibt in diesem Sinne die individuellen Möglichkeiten, positiv erlebte Sinneserfahrungen mit Empfindungen des subjektiven Wohlbefindens zu verknüpfen. Die Genussfähigkeit ist bei Menschen unterschiedlich ausgeprägt. Diese Unterschiede zeigen sich sowohl in Präferenzen für unterschiedliche Sinnesreize als auch hinsichtlich der allgemeinen Fähigkeit zum Genießen. Die Genussfähigkeit wird durch Einstellungen und Überzeugungen mitbestimmt, die im Laufe der individuellen Biographie erworben werden.

Prinzipiell lassen sich zwei grundlegende Genussquellen unterscheiden: körperlich-sinnliche Genüsse und geistige oder präziser ästhetisch-intellektuelle Genüsse. Aus der ressourcenorientierten Perspektive hat sich die Psychologie bisher hauptsächlich mit den körperlich-sinnlichen Genüssen beschäftigt und zwar vornehmlich mit dem körperlichen Wohlbefinden (Frank, 2007). Aufgrund der vielfältigen Probleme, die aus körperlichen Beeinträchtigungen durch Krankheit oder Behinderung für das psychische Wohlbefinden resultieren, hat sich die Förderung des körperlichen Wohlbefindens als effektive Maßnahme zur Steigerung der Lebensqualität erwiesen. In Genusstrainings richten sich die konkreten Übungen zur Steigerung der Genussfähigkeit hauptsächlich auf körperlich-sinnliche Genüsse, auch wenn ästhetisch-intellektuelle Genussquellen hierin durchaus berücksichtigt werden können.

Die nachfolgenden Ausführungen beschränken sich jedoch bewusst auf den Bereich der Förderung des körperlich-sinnlichen Wohlbefindens. Dies erklärt sich zum einen aus der umfangreicheren empirischen Befundlage. Zum anderen scheint eine gezielte Förderung von ästhetisch-intellektuellen Genüssen eine zu komplexe Aufgabe darzustellen, als dass sie allein durch psychologisch ausgerichtete Interventionen zu erreichen wäre. Die Kultivierung ästhetisch-intellektueller Genüsse muss über ästhetische Bildungsprozesse gefördert werden, die aus einer Zusammenarbeit vieler gesellschaftlicher Akteure wie Bildungsinstitutionen und kulturellen Einrichtungen resultieren. Letztlich entziehen sich ästhetisch-intellektuelle Bildungsprozesse einer gezielten Steuerung, weil sie von vielfältigen kulturellen Einflussfaktoren abhängig sind. Empirisch betrachtet ist die Wahrscheinlichkeit sehr gering, dass sich in modernen ausdifferenzierten Gesellschaften einheitliche Kriterien darüber finden lassen, was als ästhetisch genussvoll erlebt wird. In kultursoziologischen Analysen sind drei alltagsästhetische Schemata identifiziert worden, die milieuspezifische Formen des Genusses beschreiben: das Hochkultur-, Trivial- und Spannungsschema (Schulze, 1995, S. 142 ff.). Eine Vereinheitlichung der Alltagsästhetik im Sinne des Hochkulturschemas ist hier weder möglich, noch aus Gründen einer kulturellen Vielfalt wünschenswert. Für den Kontext der hier behandelten Frage wäre außerdem der Nutzen einer hochkulturellen Vereinheitlichung der Alltagsästhetik für eine Postwachstumswachgesellschaft in Frage zu stellen. Vermutlich bietet das alltagsästhetische Trivialschema hier mehr Chancen der Anschlussfähigkeit an Genussformen, die materiell bescheiden und damit ökologisch verträglicher ausfallen.

Psychologisch orientierte Ansätze zur Förderung eines körperlich-sinnlichen Wohlbefindens zeichnen sich im Vergleich zu Bemühungen zur Steigerung des ästhetisch-intellektuellen Genussempfindens durch eine höhere inhaltliche und methodische Konvergenz aus. Der Ausgangspunkt zur Förderung des körperlichen Wohlbefindens besteht in der Einsicht, dass dem körperlichen Wohlbefinden eine zentrale Bedeutung bei der subjektiven Bewertung des eigenen Gesundheitszustandes zukommt, dabei aber gleichzeitig mit objektiven Gesundheitskriterien (zum Beispiel ärztlichen Diagnosen) nur teilweise übereinstimmt

(Mayring, 2003). Hieraus folgend wird körperliches Wohlbefinden als ein subjektives Phänomen definiert, in dem Sinnesreize »körperliche Empfindungen hervorrufen, die im gesamten Körper oder in Teilen des Körpers spürbar sind und in positiver Weise wahrgenommen und bewertet werden. Sie gehen mit einem zumeist bewussten, als lebendig lustvoll bzw. genussvoll erlebten Bezug zum eigenen Körper einher und werden als Zustand des Behagens empfunden [...] Wichtig ist schließlich, dass körperliches Wohlbehagen nicht gleichzusetzen ist mit körperlicher Gesundheit oder Fitness und sich nicht auf das Erleben von körperlicher Funktionstüchtigkeit oder Leistungsfähigkeit beschränkt« (Frank, 2007, S. 133). Die Beschreibung ihres aktuellen körperlichen Wohlbefindens fällt Personen in ihren eigenen Worten häufig nicht leicht, weil ihnen eine detaillierte Sprache dafür fehlt und sie daher schnell auf Beschreibungen von psychologischen Aspekten des subjektiven Wohlbefindens ausweichen. Daher sind standardisierte Fragebögen entwickelt worden, auf deren Grundlage sich unterschiedliche Dimensionen des momentanen körperlichen Wohlbefinden zuverlässig messen lassen, zum Beispiel Ruhe und Muße, Vitalität und Lebensfreude, Genussfreude und Lustempfinden sowie Gepflegtheit und Frische (Frank, 2007, S. 286 ff.).

Aus verhaltenstherapeutischer Perspektive entwirft Frank (2007) ein Programm zur Selbstregulation des körperlichen Wohlbefindens, das aus neun Schritten besteht. Obwohl dieses Programm in einem therapeutischen Kontext mit Personen entstanden ist, die über Beeinträchtigungen ihres körperlichen Wohlbefindens klagen, kann es problemlos auf Personen ohne klinische Symptomatik übertragen werden, die in erster Linie an einer Steigerung ihres subjektiven Wohlbefindens interessiert sind. Die wichtigste psychologische Intervention zur Förderung des körperlichen Wohlbefindens besteht in der Sensibilisierung für positive Sinnesreize. Häufig werden die Genussquellen von Sinnesreizen im Alltag nicht angemessen wahrgenommen. Diese positiven Sinnesreize (wieder) zu entdecken und im Sinne eines Auskostens den entsprechenden Raum einzuräumen ist der Königsweg zum körperlich-sinnlichen Genuss.

Die Sensibilisierung für positive Sinnesreize steht auch im Mittelpunkt von psychologisch fundierten Genusstrainings, die in Programmen zur allgemeinen Förderung psychosozialer Gesundheitsressourcen (Kaluza, 2011a) und zur Stressbewältigung (Kaluza, 2011b) eingesetzt werden. Diese Programme richten sich auch an Zielgruppen ohne klinische Indikation, die an der Förderung der eigenen Gesundheit interessiert sind. Die wichtigsten Methoden zur Sensibilisierung für sinnliche Genüsse sind Imaginationsübungen (Koppenhöfer, 2007) und das verhaltensorientierte Einüben der Umsetzung von Genussregeln (Koppenhöfer, 2004). Häufiger wird als Voraussetzung für eine Steigerung der Genussfähigkeit auch eine erhöhte Achtsamkeit gegenüber dem eigenen Körper angeführt (Frank, 2008, S. 75 ff.). Hier wird mit Achtsamkeit jedoch nur der Aspekt einer erhöhten Aufmerksamkeit für den Moment angesprochen. In diesem Verständnis werden weitere wichtige Merkmale der psychischen Ressource Achtsamkeit – im Sinne der noch später ausführlicher thematisierten mindfulness – ausgeblendet. Während die Achtsamkeitshaltung die nichtwertende Annahme und damit eher neutrale Bewertung aller psychischen Zustände anstrebt, strebt die Genussfähigkeit explizit eine Verstärkung von sinnlich angenehmen Zuständen an. Daher ist die Ressource der Genussfähigkeit auch eindeutig der hedonistischen Strategie einer guten Lebensführung zuzuordnen.

Neben den Möglichkeiten zur Steigerung des unmittelbaren Erlebens sinnlicher Genüsse ist in der Positiven Psychologie die Strategie des Savorings beschrieben worden, die als »process in which people engage to attend to, appreciate, and enhance the positive experiences in their lives« definiert worden ist (Bryant & Vernon, 2007, S. 2). Gerade der Aspekt der zukunftsgerichteten Vorfreude ist ein bekannter positiver Einflussfaktor des subjektiven Wohlbefindens, der über die unmittelbare Erfahrung hinausgeht und an Wissen über Sinnesgenüsse gebunden ist. Letztlich müssen dazu die Erinnerungen und das Wissen über eigene positive emotionale Erfahrungen erweitert und vertieft werden. Dies kann auf unterschiedlichen Wegen erfolgen, zum Beispiel durch die gezielte Dokumentation positiver Emotionen im eigenen Alltag oder den kommunikativen Austausch mit anderen Personen über diese positiven Erfahrungen. So ließ sich in einer empirischen Studie, in der die Probanden ihre positiven Erfahrungen und Gefühlszustände täglich in einem Tagebuch dokumentiert haben, ein Einfluss des Savoring auf das subjektive Wohlbefinden nachweisen (Jose, Lim & Bryant, 2012).

Abschließend soll der Nutzen einer Erhöhung der Genussfähigkeit noch einmal im Kontext der Förderung nachhaltiger Lebensstile expliziert werden. Hier besteht die Hoffnung erstens darin, dass sich über eine Steigerung der Genussfähigkeit, zum Beispiel über das Anwenden von Genussregeln im Alltag, die Intensität bzw. Qualität von positiven sinnlichen Erfahrungen erhöhen lässt. Weiter ist zu erwarten, dass sich über eine Steigerung der Genussintensitäten wenigstens teilweise die Häufigkeit von Genusserfahrungen kompensieren lässt, ohne die hedonistische Erlebnisqualität damit insgesamt zu verringern. Dies würde dem Nachhaltigkeitsziel entsprechen, weniger materielle Güter zu konsumieren und stattdessen mehr subjektives Wohlbefinden aus der sinnlichen und sensorischen Qualität von Gütern und Dienstleistungen zu ziehen. Dies hat im Ernährungsbereich schon zu nachhaltigen Erfolgen geführt, indem spezifische Bevölkerungssegmente bereits dafür sensibilisiert werden konnten, ökologisch angebaute Nahrungsmittel als geschmacksintensiver wahrzunehmen (vgl. die »Ernährungsbewussten Anspruchsvollen« in Hayn, Eberle, Stieß & Hünecke, 2006, S. 78).

Zweitens stützen die positiven Emotionen, die aus der hedonistisch orientierten Ressource der Genussfähigkeit resultieren, die Umsetzung von längerfristigen und überindividuellen Zielen, die durch die parallele Aktivierung der psychischen Ressourcen der Zielerreichung und Sinnkonstruktion angestrebt werden. Die Genussfähigkeit hält im Alltag die Motivation für die abstrakten Ziele der Nachhaltigkeit und Postwachstumsgesellschaft aufrecht. Gegenüber den anderen Ressourcen weist die Genussfähigkeit den großen Vorteil auf, dass sie relativ unmittelbar und mit wenig Aufwand das subjektive Wohlbefinden positiv beeinflusst. Der sinnliche Genuss stellt direkte Belohnungen in Aussicht, ohne die sich langfristige Ziele und Ideale nur schwer verfolgen lassen. Wer auf hedonistische Elemente in seinem Programm zur Förderung der Postwachstumsgesellschaft verzichtet, muss auf die motivierende Kraft von Zielen und Leitideen vertrauen. Mit dieser Strategie hat die Nachhaltigkeitsbewegung bisher nur eingeschränkte Erfolge erzielen können. Die am Genuss gekoppelten positiven Emotionen liefern hingegen entsprechend der Broaden-and-Build-Theorie von Fredrickson (2011) die Grundlage für ein Wachstum der Persönlichkeit, das sich nicht durch ein Verharren im materialistischen Konsumerleben erreichen lässt, sondern das nach überindividuellen Zielen und Visionen strebt. An dieser Stelle benötigt die fundierende Ressource der Genussfähigkeit jedoch die Unterstützung durch zielbildende psychische Ressourcen auf die später ausführlicher eingegangen wird.

## Selbstakzeptanz

Das Konzept der Selbstakzeptanz kennzeichnet einen wichtigen Teilaspekt des Selbstwertes von Personen. Der Selbstwert resultiert aus einer Vielzahl von positiven und negativen Eigenschaften, die sich eine Person selbst zuschreibt. Die Gesamtheit der kognitiven Repräsentation dieser Eigenschaften wird auch als Selbstkonzept einer Person bezeichnet. Potreck-Rose und Jacob (2010) benennen in einem Vier-Säulen-Modell – neben der Selbstakzeptanz – Selbstvertrauen, soziale Kompetenzen und soziale Netze als drei weitere wichtige Teilaspekte des Selbstwertes.

Im Kontext der Förderung von immateriellen Zufriedenheitsquellen kommt der Stärkung des Selbstwertes von Personen eine besondere Bedeutung zu, weil damit die Widerstandskraft gegenüber kompensatorischen und demonstrativen Formen des Konsums erhöht wird. Ein hoher Selbstwert macht den Einzelnen unabhängiger von sozialen Vergleichsprozessen und steigert damit die individuelle Autonomie. Hiermit kann sich der Einzelne leichter gegen Erwartungen abgrenzen, die von seinen sozialen Bezugsgruppen an ihn herangetragen werden. So kann eine der Erwartungen darin bestehen, die Zugehörigkeit und den Status der eigenen Person in der sozialen Bezugsgruppe durch Formen von materiellem Wohlstand zu symbolisieren. Die Stärkung des Selbstwertes wird im Rahmen der Genuss-Ziel-Sinn-Theorie des subjektiven Wohlbefindens in den weiteren Ausführungen für alle vier Teilaspekte thematisiert. Das Selbstvertrauen steht im Mittelpunkt der Ressource Selbstwirksamkeit und die sozialen Kompetenzen und Netze werden im Zusammenhang mit der Ressource Solidarität behandelt. In den folgenden Abschnitten beschränkt sich die Darstellung jedoch zuerst einmal auf die Selbstakzeptanz.

Der inhaltliche Kern der Selbstakzeptanz besteht in dem grundlegenden Annehmen der eigenen Person (Schütz, 2000), mit all ihren positiven und negativen Eigenschaften. Die besondere Herausforderung der Selbstakzeptanz für den Einzelnen liegt in der Annahme von negativen Eigenschaften der eigenen Person – und hiervon können sich die Menschen, die in von Leistung und Exzellenz dominierten Kulturen leben, meist mehr als genug zuschreiben. Hinsichtlich des Selbstwertes lassen sich zum einen globale und zum anderen bereichsspezifische Bewertungen, zum Beispiel hinsichtlich sozialer, leistungsbezogener oder physischer Aspekte unterscheiden (Schütz & Sellin, 2006). Personen mit geringem Selbstwert bewerten sich auf der globalen Ebene häufig als negativ, was sich in Aussagen ein »Versager« oder eine »unbeliebte Person« zu sein, äußert.

Eine erste Strategie zur Erhöhung der Selbstakzeptanz besteht in der Überführung von globalen in bereichsspezifische Annahmen über das eigene Selbst. Hier kann Personen durch die psychoedukative Auseinandersetzung mit verschiedenen Selbstwertmodellen vermittelt werden, dass sie in unterschiedlichen Bereichen ihrer Persönlichkeit Stärken und Schwächen aufweisen und daher globale negative Selbstbewertungen meist zu undifferenziert angelegt sind. Durch das Wahrnehmen von Stärken in spezifischen Bereichen der Persönlichkeit, zum Beispiel hinsichtlich sozialer oder emotionaler Eigenschaften, fällt es dem Einzelnen dann meist leichter, auch Schwächen in anderen Bereichen, zum Beispiel hinsichtlich physischer Attraktivität oder leistungsbezogener Merkmale zu akzeptieren (Potreck-Rose, 2007, S. 181 f.). Eine weitere Möglichkeit zur Steigerung der Selbstakzeptanz besteht in dem Einnehmen einer achtsamen Haltung gegenüber sich selbst (a. a. O. S. 182). Das wichtigste Merkmal der Achtsamkeit besteht hier in der nicht-wertenden Wahrnehmung der eigenen körperlichen und mentalen Zustände. Durch eine kontinuierlich eingenommene achtsame Haltung erhöht sich auf Dauer die Wahrscheinlichkeit, das einfache So-Sein der eigenen Person ohne Bewertungen zu akzeptieren. Da die Haltung der Achtsamkeit in der Regel zuerst hinsichtlich körperlicher Zustände, wie Atmung oder Körperhaltungen eingeübt wird, eignet sich dieser Ansatz besonders zur Steigerung der Akzeptanz von körperlichen Eigenschaften. Dies erweist sich als umso wichtiger, weil viele Personen in den modernen Konsumgesellschaften ihren eigenen Körper nicht mehr ausreichend wertschätzen können, weil sie in der Medienwelt dauernd mit Schönheitsidealen konfrontiert werden, mit denen sie nicht konkurrieren können.

Eine dritte Strategie zur Erhöhung der Selbstakzeptanz nutzt mentale Imaginationen, um eine wohlwollende Haltung gegenüber sich selbst einzunehmen (Potreck-Rose, 2007, S. 184). Hierbei gilt es sich in der mentalen Vorstellung einen »wohlwollenden Begleiter« zu erschaffen, der als Person oder auch als Symbol die eigene Person in einer dialogischen Form auf positive Weise unterstützt. Die kognitive Intervention des wohlwollenden Begleiters motiviert zu einer Perspektivverschiebung im Blick auf die eigene Person, die in der Regel andere Aspekte des eigenen Selbstkonzeptes hervortreten lässt und als emotional entlastend empfunden wird. Eine ähnliche Strategie stellt die Imagination eines »inneren Kritikers« dar, der permanent die Unzulänglichkeiten der eigenen Person benennt. Durch Imaginationsübungen müssen die pathologischen Anteile des meist unbewusst agierenden inneren Kritikers zuerst identifiziert und dann entwaffnet werden (McKay & Fanning, 2010, S. 28 ff.). Ebenso kann der eigene »Faulpelz« rehabilitiert werden. Diese Strategie ist vor allem bei Personen angeraten, die sich unter zu starken Erwartungs- und Leistungsdruck setzen. Das Ziel des Faulpelzes besteht dann nicht darin keine Aufgaben mehr zu erledigen, sondern sich ausreichend Regenerationszeiten zu gewähren, um seine Aufgaben besser erledigen zu können. Der Schlüssel zur erfolgreichen Aktivierung dieser drei kognitiven Strategien zur Förderung der Selbstakzeptanz besteht in dem Herstellen eines fairen Zusammenspiels zwischen dem wohlwollenden Begleiter, dem inneren Kritiker und dem Faulpelz (Potreck-Rose, 2007, S. 186).

Die wichtigste und grundlegendste Strategie zur Förderung der Selbstakzeptanz stellt die Arbeit mit eigenen Werten und Normen sowie den daraus abgeleiteten Glaubenssätzen dar. Hier geht es darum, in der eigenen Biographie verinnerlichte Glaubenssätze zu identifizieren und nach einer kritischen Überprüfung entweder aufzugeben oder auf flexiblere Weise weiter anzuwenden. Die hier relevanten Glaubenssätze zeichnen sich durch normative Inhalte aus, die aus internalisierten Werten abgleitet werden und sich in Form von »Du-sollst« oder »Du darfst-nicht«-Sätzen ausdrücken. McKay & Fanning (2010) bezeichnen diese Glaubenssätze als Kernüberzeugungen und Potreck-Rose und Jacob (2010) als Lebensgebote. Durch autobiographisch angelegte Methoden, wie beispielsweise Monolog-Tagebücher lassen sich in einem ersten Schritt die im Alltag wirksamen normativen Glaubenssätze explizieren. Der zweite Schritt ist dann am wichtigsten: Hier geht es darum sich von Glaubenssätzen zu befreien, deren Inhalte man entweder nicht mehr teilt oder die keine so hohe Priorität für die eigene Person besitzen. Hier ist auf psychologischer Ebene eine »Entrümpelung und Erneuerung« gefordert (Potreck-Rose & Jacob, 2010, S. 176). Die flexible Anwendung der überprüften und erneuerten Lebensgebote im Lebensalltag stellt dann die dritte und abschließende Herausforderung bei der Modifikation von Werten und Normen dar.

Allen vorgestellten Strategien zur Förderung der Selbstakzeptanz ist gemeinsam, dass sie den Blick auf die eigene Person erweitern und damit die Annahme aller Aspekte der eigenen Persönlichkeit fördern. Hinsichtlich negativ bewerteter Eigenschaften entsteht hier die leicht paradoxe Situation, dass man negative Eigenschaften erst einmal für sich selbst annehmen muss, um sie dann auf lange Sicht in eine positive Richtung verändern zu können. Denn Selbstakzeptanz zielt nicht darauf ab, die Weiterentwicklung der eigenen Persönlichkeit aufzugeben und im Status quo zu verharren. Dies würde dem humanistischen Menschenbild des ressourcenorientierten Ansatzes widersprechen, der das Bedürfnis nach persönlicher Entwicklung betont. Ebenso soll die Förderung der Selbstakzeptanz nicht dazu führen, narzisstische Selbstüberschätzungen zu verstärken. Da die meisten Personen in den durch Konkurrenz- und Effizienzdruck geprägten modernen Gesellschaften eher unter Beeinträchtigungen ihres Selbstwertes leiden, ist die Wahrscheinlichkeit jedoch gering, in die falsche Richtung zu intervenieren.

## Selbstwirksamkeit

Eine zweite interpersonale Säule des Selbstwertes besteht nach Potreck-Rose und Jacob (2010) in dem Selbstvertrauen einer Person, das auf Bewertungen der eigenen Kompetenzen und Leistungen basiert. Obwohl der Begriff des Selbstvertrauens die psychische Ressource inhaltlich gut beschreibt, hat sich in der wissenschaftlichen Terminologie der Begriff der Selbstwirksamkeit (self-efficacy) bzw. Selbstwirksamkeitserwartung durchgesetzt. Er wurde von Albert Bandura gegen Ende der 1970er Jahre eingeführt und nimmt eine zentrale Stellung in seiner sozial-kognitiven Handlungstheorie ein (Bandura, 1991). »Selbstwirksamkeit wird definiert als die subjektive Gewissheit, Anforderungssituationen aufgrund eigener Kompetenzen bewältigen zu können. Der Begriff subjektive Kompetenzerwartung ist damit gleichbedeutend. Bei den Anforderungssituationen handelt es sich nicht um Aufgaben, die durch einfache Routine lösbar wären, sondern um solche, deren Schwierigkeitsgrad Handlungsprozesse der Anstrengung und Ausdauer für die Bewältigung erforderlich macht« (Schwarzer, 2004, S. 12).

Die Einschätzung der Effektivität des eigenen Handelns wird durch zwei Komponenten bestimmt: Zum einen die Konsequenzerwartung (outcome expectancy), die sich darauf bezieht, ob eine Handlung auch zum gewünschten Ziel führt. Die zweite Komponente der Kompetenzüberzeugung (perceived self-efficacy) beschreibt die Einschätzung, ob man auch in der Lage ist, das intendierte Verhalten erfolgreich ausführen zu können (Bandura, 1997). Selbstwirksamkeitserwartungen sind nicht mit einer optimistischen Einstellung gleichzusetzen. Während ein Optimismus die Haltung eines »Es wird alles gut werden« beinhaltet, zeichnet die Selbstwirksamkeit eine Haltung des »Ich werde es schaffen« aus.

Die Selbstwirksamkeit ist ein psychologisches Konstrukt das nicht nur in der sozial-kognitiven Handlungstheorie, sondern in vielen weiteren empirisch gut fundierten sozialpsychologischen Handlungsmodellen enthalten ist, zum Beispiel in der Protection Motivation Theorie von Rogers (1975) oder unter der Bezeichnung »wahrgenommene Handlungskontrolle« in der Theorie des geplanten Verhaltens von Ajzen (1991). Ebenso kommt der Selbstwirksamkeit eine zentrale Funktion in Theorien und Ansätzen zur Verhaltensänderung zu, wie dem transtheoretischen Modell von Prochaska & DiClemente (1983) oder der motivationalen Gesprächsführung nach Miller und Rollnik (2002). Aufgrund der hohen Akzeptanz und Verbreitung als handlungstheoretisches Konstrukt liegen mittlerweile für Selbstwirksamkeitserwartungen viele reliable Messinstrumente vor. Bei der Erfassung von Selbstwirksamkeit wird unterschieden zwischen einer allgemeinen Form (Schwarzer & Jerusalem, 1999) und bereichsspezifischen Formen, zum Beispiel hinsichtlich des Gesundheitsverhaltens (Schwarzer & Fuchs, 1996) oder Umweltverhaltens (Hanss & Böhm, 2010). Erstaunlicherweise hat sich die Positive Psychologie nur selten explizit mit der Selbstwirksamkeit beschäftigt. Die Selbstwirksamkeit wird hier nicht als menschliche Stärke definiert, sondern es wird nur ein Zusammenhang zur Stärke der Hartnäckigkeit (persistence) hergestellt (Peterson & Seligman, 2004, S. 238). Eine Ausnahme stellt hier die empirische Studie von Bachem (2010) dar, in der das Selbstwirksamkeits-Konzept auf die Glücksforschung bezogen wird. Dort konnten durch eine wissensbasierte Intervention »Glücksselbstwirksamkeitserwartungen« gesteigert werden.

Zur Förderung von Selbstwirksamkeitserwartungen hat Bandura (1997) vier grundlegende Methoden benannt: (1) eigene wohldosierte Erfolgserfahrungen, (2) Lernen am Modell, direkte Methoden, (3) verbale Überredung und (4) Erleben körperlicher Zustände. Die vier Methoden sind hier in der Reihenfolge ihrer Effektivität aufgeführt. Daher kommt dem Ermöglichen von wohldosierten eigenen Erfolgserfahrungen die wichtigste Bedeutung bei der Steigerung der Selbstwirksamkeit zu. Dies kann vor allem durch eine an den eigenen Bedürfnissen und Fähigkeiten orientierte Zielformulierung und darauf abgestimmten Plänen zur Umsetzung der Ziele erreicht werden (Potreck-Rose & Jacob, 2010, S. 207). Durch das Herausarbeiten von Teilzielen mit hoher Umsetzungswahrscheinlichkeit wird die Möglichkeit erhöht, dass der Einzelne

Erfolge erzielt, die zu weiterem Handeln in Richtung des Endzieles motivieren. In diesem Prozess steigert sich das Selbstvertrauen bzw. die Selbstwirksamkeit in den Verhaltensbereichen, in denen Erfolge im eigenen Verhalten erzielt worden sind. Diese bereichsspezifischen Selbstwirksamkeiten erhöhen jedoch auch die Wahrscheinlichkeit, dass in verwandten Verhaltensbereichen das Vertrauen in die eigenen Fähigkeiten wächst, zum Beispiel ausgehend vom Gesundheitsverhalten zum Umweltverhalten.

Wenn es gelingt Teilziele in einer ausgewogenen Balance aus Anforderungen und Fähigkeiten in einem gut strukturierten Handlungsfeld mit direkten Erfolgsrückmeldungen abzuarbeiten, stellt sich häufig ein Bewusstseinszustand ein, den Csikszentmihalyi (1975) als Flow bezeichnet hat. Das Flow-Erleben ist durch ein Verschmelzen von Handlung und Bewusstsein gekennzeichnet, das zu einer als angenehm empfundenen Form der Selbstvergessenheit führt. Damit kennzeichnet der Flow eher einen Bewusstseinszustand als eine spezifische Emotion. Auf jeden Fall ist der Flow-Zustand eng mit der Strategie der Zielerreichung verknüpft, weil dieser sich nur erreichen lässt, wenn die zugrundeliegende Tätigkeit auf ein Ziel ausgerichtet ist – auch wenn gerade das Endziel der Tätigkeit während der Handlung gar nicht mehr im Bewusstsein präsent ist. So sind Flow-Aktivitäten nicht direkt auf den sinnlichen oder ästhetischen Genuss ausgerichtet, sondern können in einem gewissen Rahmen auch anstrengend und sogar mit Schmerzen verbunden sein. Entscheidend ist, dass der Handelnde bei der Flow-Aktivität nicht überfordert wird, sondern sich seinem Ziel stetig annähern kann, zum Beispiel beim Besteigen eines Berggipfels oder bei handwerklichen Tätigkeiten. Letztlich steigert das Flow-Erlebnis damit die Selbstwirksamkeit, weil im Flow-Zustand Ziele in der Regel auf angenehme Weise erreicht werden (Frank 2008, S. 96), was wiederum Gefühle der Zufriedenheit und des Stolzes nach sich zieht.

Aus den bisherigen Ausführungen wird ersichtlich, dass es sich bei der Selbstwirksamkeit um eine der mächtigsten psychischen Ressourcen handelt, die ein wichtiges Fundament für eine starke Persönlichkeit bildet. Als fundierende Ressource gibt die Selbstwirksamkeit jedoch keine inhaltliche Richtung der Ziele vor, zu deren Erreichung sie wesentlich beiträgt. So weisen gegenwärtig mit Sicherheit viele Menschen hohe Selbstwirksamkeitserwartungen auf, ihren individuellen materiellen Wohlstand erhöhen zu können – und das notfalls auch auf Kosten anderer Personen. Die gesellschaftliche Vision des Aufstieges vom Tellerwäscher zum Millionär hat sich nicht nur in der US-amerikanischen Kultur zu einer kollektiven Selbstwirksamkeitserwartung (Bandura, 2000) entwickelt.

Für spezifische Formen des umweltbezogenen Handelns, wie Energie sparen oder die Nutzung öffentlicher Verkehrsmittel, lassen sich Selbstwirksamkeitserwartungen über die Vermittlung handlungsbezogenen Wissens oder das Schaffen neuer realer Handlungsmöglichkeiten erhöhen. Für einen kulturellen Wandel in Richtung auf nachhaltige Lebensstile steht die Vermittlung von entsprechenden Selbstwirksamkeitserwartungen in breite Bevölkerungskreise noch aus. Hier bedarf es neben vielen Menschen mit einer hohen individuellen Selbstwirksamkeit, was im Kern einem psychologischen Empowerment entspricht, auch vieler Menschen, die von ihren Möglichkeiten der Einflussnahme auf Prozesse der politischen Entscheidungsfindung überzeugt sind. Daher unterstützt die Förderung der Selbstwirksamkeit letztlich auch ein politisches Empowerment (Herriger, 2006, S. 197 ff.) in Richtung auf Maßnahmen und Initiativen zur Förderung eines sozialen und kulturellen Wandels. Eine Steigerung der individuellen Selbstwirksamkeit kann jedoch nicht garantieren, dass der Einzelne sich auf der sozialen oder kulturellen Ebene engagiert. Ebenso bleibt die inhaltliche Ausrichtung des politischen Engagements an dieser Stelle noch unbestimmt. Aus diesem Grund müssen zur Förderung einer nachhaltigen Entwicklung und Postwachstumsgesellschaft die individuellen Selbstwirksamkeitserwartungen über weitere zielbildende psychische Ressourcen inhaltlich ausgerichtet werden. Auf diese zielbildenden Ressourcen wird im Folgenden ausführlicher eingegangen.

### Achtsamkeit

Achtsamkeit (mindfulnes) wird als ein »awareness that emerges through paying attention on purpose, in the present moment, and nonjudgmentally to the unfolding of experience moment by moment« (Kabat-Zinn, 2003, S. 145) definiert. Drei Merkmale charakterisieren somit das Achtsamkeitsprinzip: Die Absicht (on purpose), die Aufmerksamkeit (present moment) und die Haltung (nonjudgmentally). Achtsam sein bedeutet demnach, absichtsvoll und nicht wertend die Aufmerksamkeit ganz auf den aktuellen Augenblick zu richten. In diesem Verständnis beschreibt die Achtsamkeit sowohl einen Prozess (die Praxis der Achtsamkeit) als auch ein Ergebnis (das achtsame Gewahrsein) (Shapiro & Carlson, 2011, S. 22).

»Die historischen Wurzeln des Achtsamkeitsprinzips liegen in den östlichen Meditationswegen. Besonders für den Buddhismus mit seinen unterschiedlichen Traditionen ist die Entwicklung von Achtsamkeit ein essenzielles Prinzip, so dass hier vielfältige Praktiken zur Kultivierung von Achtsamkeit entwickelt wurden. Aber Achtsamkeit ist nicht unbedingt an einen kulturellen oder religiösen Kontext gebunden. Achtsamkeitslehrer betonen immer wieder, dass jeder Mensch unabhängig von seinen kulturellen und religiösen Wurzeln das Potenzial hat, Achtsamkeit zu kultvieren« (Michalak & Heidenreich, 2008, S. 67).

Trotz unterschiedlicher historischer Herkunft weist das Achtsamkeitsprinzip eine große inhaltliche Nähe zur humanistischen Perspektive in der westlichen Psychologie auf, weil beide Ansätze die Annahme vertreten, dass im Menschen angelegte Potenziale kultivierbar sind, die sich auch positiv auf das Wohlbefinden der Menschen auswirken.

Allerdings muss an dieser Stelle, um Missverständnisse mit einem westlich geprägten Verständnis von subjektiven Wohlbefinden zu vermeiden, kurz auf das Verständnis der östlichen Achtsamkeitstradition eingegangen werden. »Den Kern buddhistischer Auffassungen zum Wohlbefinden bildet eine sehr zentrale Unterscheidung zweier unterschiedlicher Quellen von Wohlbefinden: Zum einen ist mit diesem Begriff ein affektiver Zustand gemeint, der durch angenehme sensorische, ästhetische und intellektuelle Stimulation entsteht; zum anderen wird mit diesem Begriff ein Zustand beschrieben, der durch psychische Balance und Einsicht in die Natur der Realität gekennzeichnet ist (›Sukha‹). Ziel ist es dabei nicht, die erste Form des Wohlbefindens zu erlangen, die von äußeren Umständen abhängig ist, sondern Sukha als tiefere Form des Wohlbefindens zu kultivieren. Sukha zu erreichen, gilt im Allgemeinen als schwierig, da es ein dauerhaftes und intensives Training der Achtsamkeit voraussetzt« (Heidenreich, Junghanns-Royack & Michalak, 2007, S. 71).

Das Training der Achtsamkeit erfolgt durch unterschiedliche Achtsamkeitsübungen, wie Atem- und Sitzmeditationen und Übungen zur Körperwahrnehmung. Die Praxis der Achtsamkeit erfordert dabei ein hohes Maß an Disziplin und Ausdauer und zielt nicht auf eine Steigerung des Wohlbefindens im hedonistischen Sinne ab. »Die Achtsamkeitsmeditation schaut auf die Dinge des Alltags, aber nicht sinnenfreudig, sondern als Wache am Tor der Sinne« (Brenner, 2011, S. 99). Die Wachsamkeit der Achtsamkeit dient dazu, den »Autopilotenmodus« des Alltagsbewusstseins so weit wie möglich zu begrenzen, der das Wahrnehmen der eigenen Empfindungen und direkten Umgebung zugunsten automatisch aktivierter Erinnerungen, Phantasien und sonstigen Abschweifungen verhindert. Das Abschalten des inneren Autopiloten steigert vor allem dann das subjektive Wohlbefinden, wenn automatisierte Gedanken negative Inhalte transportieren. Der deautomatisierende Effekt der Achtsamkeit wird mittlerweile in vielen therapeutischen Anwendungsfeldern erfolgreich eingesetzt.

Das erste Anwendungsfeld des achtsamkeitsbasierten Ansatzes stellte die Stressbewältigung dar, in dem John Kabat-Zinn (1990) mit seinem »mindful based stress reduction«-Programm (MBSR) die wesentliche Pionierarbeit geleistet hat. Die Wirksamkeit des MBSR-Ansatzes konnte in Metaanalysen mehrfach empirisch bestätigt werden (zum Beispiel Grossman, Niemann, Schmidt & Wallach, 2004). Ebenso wird der achtsamkeitsbasierte Therapieansatz erfolgreich zur Behandlung von Depressionen und Ängsten (Hofmann, Sawyer, Witt & Oh, 2010) und Borderline-Störungen (Kliem, Kröger & Kosfelder, 2010) eingesetzt. In diesen Anwendungsfeldern wird der zentrale Wirkmechanismus der Achtsamkeit vor allem in der Distanzierung von negativen Gedankenmustern und des damit einhergehenden Grübelns über sich selbst gesehen. Eine wichtige Voraussetzung für die erfolgreiche Anwendung achtsamkeitsbasierter Interventionen ist deren methodisch qualitativ hochwertige Umsetzung. Dies wird durch eine hohe Standardisierung der meist in Gruppensettings durchgeführten Achtsamkeitstrainings und durch entsprechend geschulte TherapeutInnen mit einer mehrjährigen Erfahrung in der Praxis von Achtsamkeitsübungen sichergestellt (Heidenreich & Michalak, 2008, S. 561).

Die Achtsamkeit ist jedoch keineswegs zu psychotherapeutischen Zwecken entwickelt worden, sondern wird dort allenfalls erfolgreich angewendet. Stattdessen richtet sich das Achtsamkeitsprinzip vor allem auf das lebendige Erfahren des Hier-und-Jetzt im Alltag und erweist sich damit auch als wichtige psychische Ressource für nichtklinische Zielgruppen. So kommt die stressreduzierende bzw. stresspräventive Wirkung der Achtsamkeitspraxis Personengruppen mit hohen Anforderungen und Belastungen im Beruf und Privatleben zugute, zum Beispiel auch BeraterInnen und PsychotherapeutInnen (Zarbock, Ammann & Ringer, 2012) und steigert damit das subjektive Wohlbefinden in direkt wahrnehmbarer Weise. Die Achtsamkeitspraxis kann aber auch einen längerfristigen Veränderungsprozess bei Personen einleiten, der über eine Verbesserung der momentanen Befindlichkeit hinausgeht. So konnten Veränderungen in der Motivation von Meditierenden beobachtet werden, die am Anfang eher an Aspekten der Selbstregulation und Selbsterforschung orientiert waren und sich dann nachfolgend in die Richtungen von Selbstbefreiung und selbstlosen Einsatz wandelten (Shapiro & Carlson, 2011, S. 29).

Shapiro und Carlson fassen ihre, unter anderem in Studien an KrebspatientInnen gewonnenen Einsichten, so zusammen, dass die Achtsamkeitspraxis dabei hilft, »a) unbewusste und vorbewusste Werte ins Gewahrsein zu bringen und b) zu entscheiden, ob es wirklich die Werte sind, die sie erstrebenswert finden, das heißt: Sind sie heilsam oder beruhen sie lediglich auf biologischen Reaktionen oder kulturellen Konditionierungen? c) heilsame und sinnvolle Werte zu entwickeln und unheilsame zu verringern« (a. a. O. S. 30). In dieser Beschreibung kommt die letztlich paradoxe Wirksamkeit der Achtsamkeit zum Ausdruck: Über den Fokus auf das unmittelbare Erleben und Wohlbefinden erweitert die Achtsamkeit das Bewusstsein für Sinnfragen. Damit erweitert sich das Bewusstsein – begleitet durch ein gesteigertes Mitgefühl – über das subjektive Wohlbefinden der eigenen Person hinaus zum Wohlergehen anderer Personen bzw. noch umfassenderen transzendentalen Zusammenhängen. In diesem Verständnis wird auch deutlich, warum die Achtsamkeit als eine zielbildende Ressource für eine Postwachstumsgesellschaft anzusehen ist. Die Achtsamkeitspraxis befreit von den stressinduzierenden Denkmustern des Alltags und macht den Blick für die Bedürfnisse und Werte frei, die der jeweiligen Person wirklich wichtig sind.

In den frühen Arbeiten der Positiven Psychologie finden sich keine Bezüge zum Achtsamkeitskonzept. Mittlerweile wird das Potenzial der Achtsamkeit als psychische Ressource aber zunehmend in der Positiven Psychologie zur Kenntnis genommen und empirisch erforscht. In diesem Zusammenhang konnten die seit langem bekannten positiven Effekte der Meditation auf das subjektive Wohlbefinden auf die Steigerung der Achtsamkeit und einer Erhöhung des Mitgefühls mit der eigenen Person (self-compassion) zurückgeführt werden (Baer, Lykins & Peters, 2012). Zu gleichen Ergebnissen kommt eine Studie, in der die Wirkung eines viermonatigen Yoga-Trainings auf das Stresserleben und die Lebensqualität überprüft wurde. Auch hier erwiesen sich die Achtsamkeit und das Selbst-Mitgefühl als vermittelnde Variable zwischen der Yoga-Intervention und den beiden dort erhobenen Maßen des subjektiven Wohlbefindens (Gard, Brach, Hölzel, Noggle, Conboy & Lazar, 2012).

In einer Studie mit praktizierenden Buddhisten zeigte sich, dass die Achtsamkeit ein wichtiger Prädiktor für ein »ruhiges« (quiet) – also nicht so stark auf sich selbst bezogenes – Ego darstellt, was wiederum mit einer höheren selbstberichteten Gesundheit zusammenhängt (Wayment, Wiist, Sullivan & Warren, 2011). In dieser Studie deutet sich bereits ein Einfluss der Achtsamkeit auf individuelle Überzeugungen an, die in Zusammenhang mit dem Streben nach materiellem Wohlstand stehen. In diesem Sinne wurde der Zusammenhang von Achtsamkeit, der Diskrepanz zwischen dem erwünschten und tatsächlichen finanziellen Status und dem subjektiven Wohlbefinden untersucht (Brown, Kasser, Ryan, Linley & Orzech, 2009). Hierbei zeigte sich in einer Stichprobe mit 69 meditierenden Personen, dass sich das Streben nach mehr finanziellem Wohlstand durch eine vierwöchige intensive Achtsamkeitspraxis verringern lässt. Die Autoren erklären ihren Befund folgendermaßen: »It may be that mindfulness helps regulate financial desires because this capacity strengthens tendencies to savor present experience and to embrace a value structure that places intrinsic goals before extrinsic, materialistic goals« (Brown & Kasser, 2005). »Mindfulness may also relate to a greater acceptance of one's circumstances (e.g., Baer, 2003) or help people recognize how much wealth is necessary to optimize their SWB« (Brown et al. 2009, S. 735). Dieser empirische Befund legt nahe, dass Achtsamkeit eine geeignete Intervention darstellt, um bei Personen die Überzeugung zu stärken »materiell genug zu haben«. Dieser Einfluss der Achtsamkeit zeigte sich in der Studie von Brown et al. unabhängig davon, wie hoch das Einkommen der untersuchten Personen in der Stichprobe war, wobei sich keiner der Probanden in einer materiellen Notlage befand.

Die letztgenannte Studie belegt bereits auf empirische Weise das Potenzial, das der Achtsamkeit als zielbildende Ressource für das subjektive Wohlbefinden in einer Postwachstumsgesellschaft zugeschrieben werden kann: Achtsamkeit begrenzt das Streben nach immer mehr materiellem Besitz und öffnet den Blick für andere nicht selbstbezogene Werte. Weiterhin sensibilisiert die Achtsamkeit für Sinnfragen und bereitet damit die Aktivierung einer weiteren zielbildenden psychischen Ressource vor – der Sinnkonstruktion.

## Sinnkonstruktion

Folgt man der von Friedrich Nietzsche in der Götzen-Dämmerung formulierten Aussage »Hat man sein warum? des Lebens, so verträgt man sich fast mit jedem wie« (Nietzsche, 1984), so handelt es sich bei Sinnzuschreibungen um eine der wirkmächtigsten psychischen Ressourcen des Menschen. Viktor

Frankl stellt Sinnerfahrungen in den Mittelpunkt seiner therapeutischen Arbeit und hat daraus seinen Ansatz der Logotherapie bzw. Existenzanalyse entwickelt (Frankl, 1982). In der Gesundheitsforschung wurde der positive Einfluss eines Kohärenzgefühls auf die Gesundheit beschrieben, wovon sich ein Teilaspekt (sense of meaningfulness) explizit auf Sinnzusammenhänge bezieht (Antonovsky, 1987). Mittlerweile weisen auch empirische Studien aus der Positiven Psychologie auf wechselseitige Zusammenhänge zwischen Sinnerleben und subjektivem Wohlbefinden hin. So fördern positive Emotionen einerseits das Sinnerleben (King, Hicks, Krull & Del Gaiso, 2006). Andererseits steigert ein positives Sinnerleben (meaningfulness) das subjektive Wohlbefinden. Das Erleben von Sinnzweifeln (crisis of meaning) verringert hingegen das subjektive Wohlbefinden und erhöht die Wahrscheinlichkeit des Erlebens von negativen Emotionen (Schnell, 2009).

Eine Definition des komplexen Phänomens Sinn aus psychologischer Perspektive liefert Tausch (2008, S. 100) als »Bedeutung oder Bewertung, die wir bei einer Tätigkeit, einem Geschehen oder einem Ereignis wahrnehmen oder erleben, die wir herstellen oder dem Geschehen/der Tätigkeit geben. Meist ist die Bedeutung/Bewertung förderlich, positiv, bejahend akzeptierend für den jeweiligen Menschen, verbunden mit einem charakteristischen, meist positiven Gefühl. Eine Sinnerfahrung besteht also aus einer Kognition (Bewertung) und einem dazugehörigen Gefühl«. Weiter verweist Tausch darauf, dass Sinn aus vielen unterschiedlichen Quellen geschöpft und sowohl kurzfristig, als auch über langfristige Zeiträume erfahren werden kann. Damit weisen Sinnerfahrungen keineswegs immer einen Bezug zu einem übergreifenden Sinn des Lebens auf, sondern können durchaus aus alltäglichen Erfahrungen resultieren. Wichtig ist es an dieser Stelle jedoch Sinnerfahrungen von körperlich-sinnlichen Genusserfahrungen abzugrenzen. So erzeugen körperlich-sinnliche Genusserfahrungen zwar ein positives Gefühl, ziehen jedoch keine kognitiven Bewertungen nach sich, die auf größere Zusammenhänge verweisen.

Weiterhin wird in dem hier vertretenen Verständnis Sinnkonstruktion als ein Prozess aufgefasst, in dem der Einzelne aktiv seinen Sinn herstellen muss. Hierbei kann durchaus auf die Sinndeutungen unterschiedlicher kultureller und religiöser Tradition zurückgegriffen werden. Aber Auswahl, Anpassung oder Neukombination von Sinnzusammenhängen müssen dann immer auf individuelle und aktive Weise erfolgen. Auch die von Frankl vertretene Auffassung »Sinn kann nicht gegeben, sondern muss gefunden werden« (Frankl,

2006. S. 155), ist mit der hier vertretenen Auffassung kompatibel, weil in ihr immer noch die Notwendigkeit einer aktiven Sinnsuche zum Ausdruck kommt. King und Hicks (2009) konnten in einer empirischen Studie nachweisen, dass einerseits Sinnkonstruktionen stärker mit negativen Lebensereignissen und andererseits Sinnentdeckungen mit positiven Lebensereignissen assoziiert werden. Der Bezug zu positiven Lebensereignissen, wie eine Heirat oder die Geburt eines Kindes und zu negativen Lebensereignissen, wie der Tod einer nahestehenden Person oder eine schwere chronische Erkrankung wurde in dieser Studie nicht zufällig gewählt. So sind Sinnerfahrungen im Alltag zwar durchaus erlebbar, in der Regel finden aber Auseinandersetzungen mit der Sinnhaftigkeit des Daseins vor allem bei der Konfrontation mit kritischen Lebensereignissen statt. In biographischen Umbruchsituationen, wie der Geburt eines Kindes oder dem Austritt aus dem Berufsleben wird besonders ersichtlich, ob eine Person die Sinnkonstruktion für sich als psychische Ressource bereits erschlossen hat und über Reflexionsstrategien zur Herstellung von Sinnzusammenhängen verfügt, oder ob sie dies erst aus der neuen herausfordernden Situation heraus entwickeln muss. Der Prozess der Sinngebung ist dabei jederzeit auch ohne Konfrontation mit kritischen Lebensereignissen durch selbstgewählte Reflexionsprozesse möglich. Hier wurde bereits im Zusammenhang mit den beiden Ressourcen der Selbstakzeptanz und der Achtsamkeit ausgeführt, wie durch das Infrage stellen eigener Werte und Glaubenssätze eine gegebenenfalls notwendige Neubewertung eigener Lebensziele in Gang gesetzt werden kann.

Da die Suche nach Sinn eine grundlegende Eigenschaft des Menschen darstellt, finden sich in der Kulturgeschichte der Menschheit eine Vielzahl von Quellen und Strategien, die den Menschen einen Sinn vermitteln bzw. bei der Sinnkonstruktion unterstützen sollen. Als die am weitesten verbreiteten und akzeptierten Sinnquellen sind hier religiöse Glaubenssysteme anzusehen. Religiöse und auch spirituell ausgerichtete Sinnsysteme stellen den Menschen in einen größeren transzendenten Zusammenhang und liefern Erklärungen, die über die empirisch erfahrbare Existenz des Menschen bzw. der Menschheit hinausgehen. Psychologisch kann die Vermittlung transzendenter Erklärungszusammenhänge den Menschen Gefühle der Verbundenheit und damit einhergehend von existenzieller Sicherheit und Zuversicht vermitteln, die letztlich – und aus sehr unterschiedlichen Gründen – zu einer Erhöhung des subjektiven Wohlbefindens beitragen können (Bucher, 2007, S. 117 ff.). Personen hingegen, die transzendente Einsichten und Wirklichkeiten für sich als nicht akzeptierbare Glaubensinhalte bewerten, können auf kollektivistischen oder humanistischen Werten fundierte Sinnkonstruktionen zurückgreifen, wie sie beispielsweise im Existentialismus oder in einem materialistischen Naturalismus (Kanitscheider, 2008) entworfen worden sind. Allen kulturell etablierten Sinnsystemen ist das Potenzial gemeinsam, die positiven Gefühle einer existenziellen Verbundenheit und Sicherheit bei Menschen zu stärken.

Die Förderung von Sinnerfahrungen ist im Vergleich zur Aktivierung der bisher vorgestellten Ressourcen weniger systematisierbar und standardisierbar. Im Zentrum stehen hier das Bewusstmachen von Sinnerfahrungen und das Initiieren von Reflexionsprozessen hinsichtlich eigener Werte und Lebensziele. In diesem Zusammenhang kommt narrativen Verfahren eine besondere Bedeutung zu, anhand derer eine sinnhafte Rekonstruktion der eigenen Lebensgeschichte angestrebt wird (Kaimer, 2008). Durch das Erarbeiten einer biographischen Textur kann bei Personen, die ihr Leben bisher als eine Aneinanderreihung von zufälligen Ereignissen aufgefasst haben, ein Gefühl der kognitiven Kontrolle erzeugt und damit einhergehend das subjektive Wohlbefinden gesteigert werden. Eine weitere, eher indirekte Strategie zur Förderung der Sinnkonstruktion besteht in der Verringerung von Stressbelastungen (Tausch, 2008, S. 109). Sinnkonstruktionen können als reflexive Prozesse nicht in Zeiten hoher Stressbelastungen stattfinden, in denen im direkten oder übertragenen Sinne das Überleben gesichert werden muss. Da gegenwärtig in den früh industrialisierten Ländern über einen Anstieg der alltags- und berufsbedingten Stressbelastungen geklagt wird, sollte besonders darauf geachtet werden, Reflexionsräume für individuelle Sinnkonstruktionen bereit zu stellen bzw. zu erhalten, zum Beispiel in Aus- oder Weiterbildungsmaßnahmen.

In dem bisher vorgestellten Verständnis muss der Prozess der Sinnkonstruktion inhaltlich offen gestaltet werden, das heißt es werden keine Versuche unternommen, ein spezifisches Sinnsystem zu vermitteln, weil sonst der Verdacht einer weltanschaulichen Vereinnahmung entsteht. Für die Förderung von Postwachstumszielen ist es lediglich erforderlich ein humanistisches Menschenbild und eine intragenerativ und intergenerationell ausgerichtete soziale Gerechtigkeit transparent zu kommunizieren, um ein Mindestmaß an normativem Konsens zu erreichen. Wer diese normativen Grundannahmen teilt, kann dann in einen Prozess der Sinnkonstruktion eintreten, dessen inhaltliche Ausrichtung völlig offen ist. Die Sinnkonstruktion wird trotz dieser hohen inhaltlichen Offenheit als eine zielbildende Ressource aufgefasst, weil sie wie keine der anderen aufgeführten Ressourcen den Prozess eines reflexiven Umgangs mit den eigenen Lebenszielen thematisiert.

Weiterhin erhöht sich die Wahrscheinlichkeit, dass bei der Sinnkonstruktion entweder transzendente oder sozial ausgerichtete Werte entdeckt bzw. gestärkt werden, die einem individualistischen Materialismus entgegenstehen, der den modernen Konsumgesellschaften meist in einer individuell unreflektierten Form zu Grunde liegt. Prinzipiell wäre auch im Prozess der Sinnkonstruktion die reflexive Bestätigung einer individualistischen-materialistischen Lebensführung möglich, was dann den Übergang in eine nachhaltige Lebensweise deutlich erschweren würde. So kommt es in modernen Konsumgesellschaften zwar häufig vor, dass die konkrete Gestaltung des Lebensalltags nach individualistisch-materialistischen Zwecken und Zielen ausgerichtet wird. Letztlich ist es aber in einem reflektierten Denkmodus relativ schwierig, dauerhaft Sinnbezüge über einen individualistischen Materialismus herzustellen. Das lehrt nicht nur die philosophisch-ethische Reflexion zum guten Leben, sondern wird auch durch die empirischen Ergebnisse der Positiven Psychologie bestätigt. Hier wird vor allem der Pflege von sozialen Beziehungen eine besonders hohe Bedeutung zugemessen (Bucher, 2009, S. 92 ff.), was einer dauerhaft individualistisch ausgerichteten Lebensführung widerspricht. Die Pflege sozialer Beziehungen und das hiermit verbundene Gefühl der sozialen Zugehörigkeit erfordert soziale Interaktionen, die auf kulturell geteilten Werten und Überzeugungen basieren und damit mehr umfassen als die optimierte wechselseitige Koordination von Einzelinteressen. Spätestens an dieser Stelle muss bei der Suche von psychischen Ressourcen für Postwachstumsgesellschaften die Ebene des individuellen Handelns verlassen und die Ebene des kollektiven Handelns – und damit auch des solidarischen Handelns – beschritten werden.

## Solidarität

Die Solidarität umfasst als psychische Ressource in dem hier vertretenen Verständnis zwei Teilaspekte des kollektiven Handelns: Zum einen die Übernahme einer Verantwortung für das Wohlergehen anderer Menschen und zum anderen die Überzeugung, dass man als Handelnder in der Interaktion mit anderen gleichgesinnt Handelnden auch tatsächlich eine Steigerung des individuellen und kollektiven Wohlbefindens bewirken kann. Formelhaft ausgedrückt kann Solidarität hiernach auch als eine Kombination aus sozialer Verantwortung und politischem Empowerment aufgefasst werden. Das hier vertretene Verständnis deckt sich weitgehend mit der Auffassung, »dass Solidarität ein emotional getöntes Handlungsmuster kennzeichnet, dessen Motivation altruistisch ist und dem die Idee der sozialen Gerechtigkeit zugrundeliegt, der sich die handelnden Personen verpflichtet fühlen« (Bierhoff & Fetchenhauer, 2001, S. 10). Auch in dieser Definition sind sowohl normative Aspekte (soziale Gerechtigkeit, altruistisch) mit Bezügen zur sozialen Verantwortung als auch ein Verhaltensbezug (Handlungsmuster) im Sinne eines Empowerments enthalten. Dabei weisen die beiden Konzepte der sozialen Verantwortung und des Empowerments inhaltliche Querbezüge zu anderen psychischen Ressourcen der Genuss-Ziel-Sinn-Theorie des subjektiven Wohlbefindens auf. So kann die soziale Verantwortung aus individuellen Sinnkonstruktionen resultieren, in der nicht nur das eigene Wohlergehen, sondern auch das Wohlergehen anderer Menschen als handlungsleitende Maxime berücksichtigt wird. Ebenso stellt die Selbstwirksamkeit eine wesentliche psychische Ressource dar, um die Beteiligung des Einzelnen an politischen Entscheidungsprozessen zu unterstützten. Trotzdem resultiert aus einer Aktivierung der beiden Ressourcen Sinnkonstruktion und Selbstwirksamkeit nicht automatisch ein solidarisches Handeln. So kann die Kombination einer elaborierten Sinnkonstruktion bei einer selbstwirksamen Person ebenso zu einer kontemplativen Grundhaltung führen, die transzendente Erfahrungen anstrebt und damit einen Rückzug aus sozialen Aktivitäten einleitet. Die Solidarität jedoch kann als eigenständige psychische Ressource die Ausrichtung des Handelns auf andere Personen sicherstellen. Damit kommt der Solidarität eine essenzielle Bedeutung für einen kulturellen Wandel in Richtung auf eine Postwachstumsgesellschaft zu, der sich nicht allein auf der Grundlage von individuellen Reflexionsprozessen vollziehen kann.

Solidarität beschreibt als psychische Ressource ebenso wie die Achtsamkeit sowohl einen Prozess (das solidarische Handeln) als auch ein Ergebnis (sozial verantwortlich zu sein). Ebenso steigert die Solidarität das subjektive Wohlbefinden. In der bereits angeführten Definition von Bierhoff und Fetchenhauer wird Solidarität als ein emotional getöntes Handlungsmuster beschrieben. Zu ergänzen ist hier, dass die Erfahrung des solidarischen Handelns beim Einzelnen vor allem das positive Gefühl der Zugehörigkeit hervorruft, das wiederum eng mit den positiv gefärbten Emotionen der Sicherheit und des Vertrauens verbunden ist. Diese Aktivierung von positiven Emotionen sichert den Status der Solidarität als psychische Ressource, die ein nicht am materiellen Wohlstand orientiertes subjektives Wohlbefinden fördern kann. In dem Katalog von menschlichen Stärken nach Peterson und Seligman (2004) ist die Solidarität nicht explizit aufgeführt. Trotzdem finden sich zu der dort aufgeführten Stärke der Bürgerschaft (citizenship) große inhaltliche Überschneidungen, weil auch diese eng mit der Übernahme einer sozialen Verantwortung (social responsibility) verknüpft ist.

Das Erzeugen positiver Emotionen stellt jedoch nicht den Hauptzweck des solidarischen Handelns dar. Solidarisches Handeln dient vor allem der Erreichung von Zielen, die entweder aus gemeinsamen, aber auch aus unterschiedlichen Interessen resultieren können (Bierhoff, 2008). Die Solidarität aus gemeinsamen Interessen entspricht dabei weitgehend dem umgangssprachlichen Verständnis der Solidarität. Hier versuchen die Handelnden in ihrer Interaktion auf subjektiv rationale Weise gemeinsam Ziele zu verfolgen. In der mikroökonomischen Theorie wird diese Form des solidarischen Handelns auch als kooperatives Verhalten bezeichnet (Axelrod & Hamilton, 1981) und schwerpunktmäßig aus spieltheoretischer Perspektive untersucht. Über die Axiome begrenzter Ressourcen und eingeschränkter Kommunikationsmöglichkeiten werden in spieltheoretischen Ansätzen in erster Linie Problemszenarien analysiert, wie das Gefangenen-Dilemma oder ökologisch-soziale Dilemmata, in denen die Schwierigkeiten interaktiver Kooperationsprozesse sichtbar werden. Es existieren jedoch ausreichend historische Beispiele, aus denen im Sinne einer ressourcenorientierten Perspektive die Potenziale des solidarischen Handelns sichtbar werden, wie die Arbeiterbewegung oder die Anti-Globalisierungs-Bewegung. Eng verbunden mit dieser Form der Solidarität ist auch der Begriff des Empowerments (Lenz, 2011). Folgt man der Unterscheidung von Herriger (2006) in ein psychologisches und ein politisches Empowerment, so deckt sich die Solidarität aus gemeinsamen Interessen inhaltlich weitgehend mit dem politischen Empowerment. So betonen beide Konzepte zum einen die Notwendigkeit der Übernahme einer persönlichen sozialen Verantwortung, die es gilt in kollektive Aktionen zu überführen. Zum anderen erfordert die Umsetzung einer sozialen Verantwortung in tatsächliches Verhalten hohe Selbstwirksamkeitserwartungen hinsichtlich der Gestaltbarkeit von politischen Strukturen (Herriger, 2006, S. 204).

Ein zweiter wichtiger Teilaspekt der Solidarität resultiert aus unterschiedlichen Interessen, die weniger an eigennützig-rationalen Zielen, als an prosozialen und altruistischen Werten ausgerichtet sind (Bierhoff, 2008, S. 192). Hierbei zeichnen sich Geber und Empfänger von sozialer Unterstützung durch unterschiedliche Interessen aus, so zum Beispiel beim ehrenamtlichen Engagement und beim Hilfeverhalten. Das Hauptziel des Hilfegebers besteht in der Steigerung des Wohlbefindens beim Hilfeempfänger. Wenn hierdurch auch beim Gebenden positive Emotionen hervorgerufen werden, ist dies nicht ungewöhnlich, sondern eher die Regel und stellt einen durchaus angenehmen Nebeneffekt dar. Für den Hilfeempfänger steht hingegen die Verbesserung des eigenen Wohlbefindens im Zentrum der solidarischen Interaktion mit dem Hilfegeber. Die Solidarität aus unterschiedlichen Interessen ist damit stärker an prosozialen Werten ausgerichtet, als die Solidarität aus gemeinsamen Interessen. Damit die Solidarität aus unterschiedlichen Interessen eine verhaltenswirksame Motivation erreichen kann, müssen weitere Voraussetzungen erfüllt sein, zum Beispiel das Vorhandensein eines Gefühls der persönlichen moralischen Verpflichtung und von Kompetenzüberzeugungen überhaupt helfen zu können (Schwartz, 1977).

Dass Solidarität in der hier vertretenen Konzeption mit der besonderen Akzentuierung auf sozialer Verantwortung und politischem Empowerment eine notwendige Voraussetzung für einen kulturellen Wandel in Richtung auf eine Postwachstumsgesellschaft darstellt, müsste in sich evident sein. Hier schließt sich jedoch die Frage an, wie eine derartige Solidarität gezielt gefördert werden kann. Als methodischer Unterschied fällt bei der Solidarität im Vergleich zu den anderen fünf bisher vorgestellten Ressourcen ins Auge, dass sie nicht allein auf der Grundlage individueller Reflexionsprozesse gefördert werden kann. Die Hinwendung zur Solidarität und damit gleichzeitig die Abkehr von einer individualistischen Haltung muss nicht nur auf einer kognitiven Ebene nachvollzogen, sondern ebenso in der konkreten Interaktion mit anderen Menschen eingeübt werden. Der erste Schritt einer kognitiven Einsicht in die Vorteile der Solidarität kann durch psychoedukative Maßnahmen unterstützt werden. Die Inhalte dieser Schulungen sollten sich auf die empirischen Erkenntnisse der Positiven Psychologie zu den Einflussfaktoren des subjektiven Wohlbefindens beziehen und hier besonders den Wert des sozialen Eingebundenseins betonen. Ebenso kann im Rahmen von Reflexionsprozessen zur Sinnkonstruktion darauf verwiesen werden, dass es sehr schwierig ist, für das eigene Leben übergreifende Sinnzusammenhänge herzustellen, wenn man dabei solidarische Formen des Handelns unberücksichtigt lässt. Alle diese Einsichten nutzen aber nur wenig, wenn sie nicht mit praktischen Übungen zum solidarischen Handeln im eigenen Verhalten kombiniert werden. Diese Übungen sollten möglichst so gestaltet sein, dass mit dem solidarischen Handeln positive Emotionen der Zugehörigkeit und des Vertrauens erfahren werden. Derartige Übungen werden mittlerweile auch auf Gruppenebene oder in Organisationen durchgeführt, zum Beispiel in der Arbeit mit Kindern in der Erlebnis- oder Theaterpädagogik oder im Rahmen der Förderung einer Corporate Identity in Unternehmen. Entscheidend bei den Übungen und Trainings ist es, dass diese Maßnahmen nicht als Sandkastenspiele durchgeführt werden, sondern Anschlussmöglichkeiten zur Alltagspraxis in den jeweiligen Lebenskontexten bieten. Denn was nützt es beispielsweise Schülern, wenn sie an Projekten und Trainings teilnehmen, die auf eine Förderung des solidarischen Handelns abzielen und sie dann in einen Schulalltag zurückkehren, in dem es hauptsächlich um das Erreichen individueller Ziele, wie den Notendurchschnitt, geht.

Die letzten Überlegungen weisen bereits darauf hin, dass nicht nur die Förderung der Solidarität, sondern auch der anderen fünf psychischen Ressourcen für nachhaltige Lebensstile in unterschiedlichen sozialen Settings und Kontexten erfolgen muss. Auf diese sozialen Kontexte wird im folgenden Kapitel ausführlicher eingegangen.

# 5.
# Strategien zur Förderung der psychischen Ressourcen für nachhaltige Lebensstile

Interventionen zur Stärkung der psychischen Ressourcen Genussfähigkeit, Selbstakzeptanz, Selbstwirksamkeit, Achtsamkeit, Sinnkonstruktion und Solidarität zielen auf Veränderungen in der individuellen Informationsverarbeitung und -bewertung ab, die eine Steigerung der Attraktivität von immateriellen Zufriedenheitsquellen bewirken sollen. Diese Interventionen können zum einen direkt an einzelne Personen adressiert werden, zum Beispiel in Beratungs- und Coachingprozessen. Oder sie richten sich in unterschiedlichen organisatorischen oder institutionellen Settings an Gruppen von Personen, zum Beispiel in Schulen oder Unternehmen. Allen Maßnahmen ist dabei gemeinsam, dass sie durch kommunikative Prozesse begleitet werden müssen und keinesfalls durch technologische Anwendungen oder pharmakologische Medikamentierungen ersetzt werden können. Eine Besonderheit im Ensemble der sechs psychischen Ressourcen stellt die Solidarität dar, deren Förderung nicht nur Möglichkeiten zur interpersonalen Kommunikation, sondern auch einen Raum für interaktives Handeln benötigt. Denn erst durch die Bezugnahme des eigenen Handelns auf die Handlungen anderer Personen kann zwischenmenschliches Vertrauen entstehen, das als wesentliche Grundlage für das solidarische Handeln anzusehen ist.

Im Folgenden wird für mehrere Anwendungsfelder beschrieben, wie sich Veränderungen von individuellen Einstellungs- und Verhaltensmustern initiieren lassen. Tabelle 2 fasst zusammen, welche psychischen Ressourcen in welchen Anwendungsfeldern zur Förderung nachhaltiger Lebensstile gestärkt werden können. Die hierbei betrachteten Anwendungsfelder werden danach unterschieden, ob die jeweiligen Interventionen an Einzelpersonen, an Mitglieder von Organisationen oder in Richtung des Gemeinwesens adressiert werden. So müssen bei Interventionen in Organisationen zusätzlich zur psychologischen Dynamik von Einstellungs- und Verhaltensänderungen auch noch die Ziele und damit verbundenen Eigenlogiken der jeweils beteiligten Organisationen berücksichtigt werden. Soziale Interventionen auf der Ebene des Gemeinwesens zielen auf Veränderungen in größeren sozial-räumlichen Einheiten wie Städten oder Gemeinden ab.

*Tabelle 2:*
*Anwendungsfelder zur Förderung der psychischen Ressourcen für nachhaltige Lebensstile*

| Anwendungsfeld | Psychische Ressourcen |
|---|---|
| Gesundheitsförderung | Genussfähigkeit<br>Selbstakzeptanz<br>Achtsamkeit |
| Coaching | Sinnkonstruktion<br>Selbstwirksamkeit<br>Achtsamkeit<br>Genussfähigkeit |
| Schulen & Hochschulen | Selbstwirksamkeit<br>Solidariät<br>Sinnkonstruktion |
| Unternehmen & Non-Profit-Organisationen | Selbstwirksamkeit<br>Solidarität<br>Sinnkonstruktion |
| Gemeinwesen | Selbstwirksamkeit<br>Solidarität |

## Individuelle Ebene

Interventionen, die sich direkt an die einzelnen Personen richten, sind am häufigsten im Rahmen der Verhaltensprävention in der Gesundheitsförderung und in biographischen Umbruchsituationen anzutreffen. Beides erfordert eine selbstreflexive Auseinandersetzung mit den eigenen Überzeugungs- und Verhaltensmustern, die von außen durch Beratungs- und Coachingprozesse unterstützt werden können.

## Gesundheitsförderung

Aus individueller Perspektive kann die Beschäftigung mit der eigenen Gesundheit aus zwei Motiven heraus erfolgen. Zum einen als Reaktion auf bereits eingetretene gesundheitliche Beeinträchtigungen und zum anderen um Erkrankungen vorzubeugen. Die meisten Maßnahmen zur Gesundheitsförderung versuchen somatischen Erkrankungen entgegen zu wirken, die aus einer ungesunden Lebensführung resultieren, wie zum Beispiel Herz- und Kreislauferkrankungen oder Beeinträchtigungen des Bewegungsapparates. In diesem Zusammenhang kommt der Stressprävention eine besondere Bedeutung zu, weil psychischer Stress nicht nur in direkter Weise das subjektive Wohlbefinden verringert, sondern auch für viele physische Erkrankungen einen zusätzlichen Risikofaktor darstellt. Seltener finden sich Präventionsprogramme, die sich explizit auf psychische Erkrankungen, wie zum Beispiel Depressionen oder Angststörungen, beziehen. Häufig werden hingegen Verfahren zur Stressbewältigung als begleitende Maßnahmen bei psychischen Erkrankungen eingesetzt, um die psychologischen Widerstandskräfte durch eine Steigerung des subjektiven Wohlbefindens zu erhöhen.

Drei der identifizierten psychischen Ressourcen für nachhaltige Lebensstile weisen einen expliziten Bezug zum Bereich der Gesundheitsförderung auf. So stellt die Förderung der Genussfähigkeit einen festen Bestandteil von Stressbewältigungsprogrammen dar, die letztlich auf eine verbesserte Selbstfürsorge abzielen. Die Steigerung der Selbstakzeptanz dient der Erhöhung eines niedrigen Selbstwertes und kann damit die negativen Begleiterscheinungen von vielen psychischen Erkrankungen abmildern, die in der Regel mit einer Verringerung des Selbstwertgefühles einhergehen. Am offensichtlichsten tritt der Bezug zur Gesundheitsförderung bei der psychischen Ressource der Achtsamkeit zu Tage. Deren Förderung steht explizit im Zentrum von Stresspräventionsprogrammen (Kabat-Zinn, 1990) und Therapieverfahren zur Behandlung von Depressionen (Segal, Williams & Teasdale, 2008) und Borderline-Störungen (Linehan, 1996). Weiterhin stärkt die psychische Ressource der Sinnkonstruktion, durch ihren positiven Einfluss auf das Ausbilden eines gesundheitsbezogenen Kohärenzgefühls (»sense of coherence« nach Antonovsky, 1987), die Widerstandskräfte gegenüber psychischen und physischen Erkrankungen.

Der Vorteil von Maßnahmen zur Gesundheitsförderung gegenüber therapeutischen Verfahren besteht darin, dass sich diese auch an vergleichsweise große Bevölkerungsgruppen richten, die nicht schon durch Krankheitssymptome belastet sind. Hierdurch erhöht sich in diesen nicht-klinischen Personengruppen die Wahrscheinlichkeit, dass durch die Aktivierung von psychischen Ressourcen nicht nur ein krankheitsbedingter Leidensdruck verringert wird, sondern tatsächlich Veränderungen in alltagsrelevanten Einstellungs- und Verhaltensmustern erreicht werden. Einem ressourcenorientierten Gesundheitsmodell folgend können Maßnahmen der Gesundheitsförderung dabei nicht nur dazu dienen, physische und psychische Krankheiten zu vermeiden, sondern darüber hinaus auch den eigenen Gesundheitsstatus auf einem so hohen Niveau zu stabilisieren, dass hierdurch ein hohes subjektives Wohlbefinden dauerhaft gesichert werden kann (Snyder, Lopez & Teramoto Pedrotti, 2011, S. 368 ff.).

Die weitverbreiteten Wünsche sich gesünder zu ernähren, häufiger zu bewegen oder mehr Ruhe zu gönnen, stellen für viele Menschen wichtige motivationale Startpunkte dar, sich aktiv um ihre eigene Gesundheit zu kümmern. Ebenso können kritische Lebensereignisse, wie der Verlust einer nahestehenden Person oder biographische Übergänge, wie der Wechsel in den beruflichen Ruhestand, den Anstoß geben, sich stärker um die eigene Person und damit auch um die eigene Gesundheit zu sorgen. Zu diesen Zeitpunkten (windows of change) ist dann bei den Betroffenen eine erhöhte Offenheit gegenüber Maßnahmen zur Förderung der vier psychischen Ressourcen Genussfähigkeit, Selbstakzeptanz, Achtsamkeit und Sinnkonstruktion zu erwarten.

Aus der Perspektive der Stärkung immaterieller Zufriedenheitsquellen stellt die Förderung der individuellen Gesundheit eine der wichtigsten Zielgrößen dar (zum Beispiel Arbeitsgruppe Zufriedenheit, 2010, S. 11). Gesundheitsverhalten muss dabei allerdings nicht zwangsläufig mit nachhaltigen Einstellungs- und Verhaltensmustern verknüpft sein. So kann die Delegation der Verantwortung für die eigene Gesundheit an Gesundheitsexperten und -dienstleister unterschiedlichster Couleur eine neue Form von Konsumverhalten hervorbringen. Dieser gesundheitsorientierte Konsum ist zwar nicht direkt mit der Anhäufung materieller Güter verbunden, aber trotzdem mit hohen ökologischen und sozialen Gemeinkosten, so zum Beispiel durch kostenintensive Medikamente oder medizintechnische Anwendungen mit unklarem therapeutischen Nutzen. Eine Förderung der drei aufgeführten psychischen Ressourcen Genussfähigkeit, Selbstakzeptanz und Achtsamkeit führt jedoch beim Einzelnen in der Regel dazu, die eigenen Anteile am Gesundheitsverhalten zu erkennen und hierfür auch die individuelle Verantwortung zu übernehmen. Ob diese Motivation dauerhaft in Gesundheitsverhalten umgesetzt werden kann, hängt dann neben der Motivationsstärke auch von vielen situativen Kontextfaktoren ab. Die Mehrzahl der Maßnahmen zur Gesundheitsförderung findet gegenwärtig in gruppenbezogenen Settings statt, zum Beispiel in Kursen oder Schulungen in privaten oder beruflichen Kontexten. Besonders intensive Formen der Gesundheitsförderung können jedoch nur in individuellen Beratungsgesprächen umgesetzt werden, die auf die spezifische Lebenssituation der Betroffenen eingehen.

## Coaching

Individualisierte Formen von Beratung stellen ein weiteres, eigenständiges Anwendungsfeld zur Förderung psychischer Ressourcen dar. Unter psychosozialer Beratung ist ein zwischenmenschlicher Prozess zu verstehen, »in welchem eine Person oder eine Gruppe [...] mehr Klarheit gewinnt über eigene Probleme und deren Bewältigungsmöglichkeiten. Die Hilfe zur Selbsthilfe, d. h. die Steigerung der Problemlösefertigkeiten seitens des Ratsuchenden, ist ein entscheidendes Element von Beratung« (Waschburger, 2009, S.16). Psychosoziale Beratung ist dabei das umfassendste Konzept für einen gemeinsamen und systematischen Problemlöseprozess zwischen Berater und Klient. Gegenüber der Psychotherapie grenzt sich Beratung dadurch ab, dass keine spezifisch diagnostizierbaren psychischen Störungen behandelt werden. Gleiches gilt für das Coaching, das sich als »eine intensive und systematische Förderung ergebnisorientierter Problem- und Selbstreflexion sowie Beratung von Personen oder Gruppen zur Verbesserung der Erreichung selbstkongruenter Ziele oder zur bewussten Selbstveränderung und Selbstentwicklung« (Greif, 2008, S.59) versteht. Coaching stellt dabei eine spezifische Form psychosozialer Beratung dar, die nicht auf die Behandlung psychischer Störungen abzielt, sondern auf die persönliche Weiterentwicklung der zu coachenden Person. In der Regel verfügen die zu coachenden Personen bereits über unterschiedliche Ressourcen und Kompetenzen und bewegen sich damit auf einem anderen Funktionsniveau als Personen mit psychischen Erkrankungen, die ihren Alltag in der Regel nur eingeschränkt bewältigen können. Die Methode des Coachings ist als ein spezifisches Beratungsangebot stark an den beruflichen Kontext gebunden, beschränkt sich aber nicht darauf. So sind Fragen der beruflichen Weiterentwicklung in den meisten Fällen mit Fragen der persönlichen Lebensziele und Alltagsgestaltung verknüpft. Typische Aufgabenbereiche von Coachingprozessen stellen der Aufbau von Kompetenzen, die Work-Life-Balance, die Sinnkonstruktion für das eigene Leben und die Umsetzung eigener Ziele und Projekte dar (Biswas-Diener, 2010, S. 148).

Die besondere Bedeutung des Coachings für die Unterstützung eines kulturellen Wandels in Richtung nachhaltiger Lebensstile resultiert nicht zuletzt aus den hierbei anvisierten Zielgruppen. In der Regel lassen sich Personen coachen, die sich eigenverantwortlich im beruflichen Kontext weiterentwickeln wollen. Dies betrifft vor allem Personen, die in Unternehmen, in der Politik sowie in der öffentlichen Administration Führungspositionen innehaben bzw. anstreben. In diesem Kontext wird die Inanspruchnahme eines Coachings weniger als Ausdruck einer Störung oder Schwäche stigmatisiert, weil immer offensichtlicher wird, dass bei der zunehmenden Komplexität des beruflichen und privaten Lebensalltags kaum jemand auf sich alleine gestellt kompetente Entscheidungen treffen kann. Durch den beruflichen Kontext sind Coachingprozesse häufig durch Effizienzansprüche bestimmt, die auf ein Weiter, Höher und Schneller abzielen und dadurch in Widerspruch zu einer nachhaltigen Lebensführung stehen können. Trotzdem wird durch ein Coaching ein selbstreflexiver Raum geschaffen, in dem eigene Lebensziele und -perspektiven hinterfragt werden können, ohne in die Gefahr pathologisierender Selbstinterpretationen zu geraten. Weiterhin richtet sich Coaching nicht nur an Führungskräfte in Wirtschaftsunternehmen oder öffentlichen Institutionen, sondern auch an Beschäftige in helfenden Berufen, wie zum Beispiel ÄrztInnen, TherapeutInnen oder SozialarbeiterInnen. Diese stellen – ebenso wie die Führungsebene in Unternehmen und Institutionen – wichtige MultiplikatorInnen für einen kulturellen Wandel dar, weil sie mit vielen Menschen interagieren und diese durch ihr Wissen und ihre persönliche Haltung als Vorbild beeinflussen können. Weiterhin kommt der Burn-out-Prophylaxe gerade bei helfenden Berufen eine hohe Bedeutung zu, weil dort die Beschäftigten im Vergleich zu Führungskräften in der Wirtschaft oder in öffentlichen Institutionen nicht durch hohe Einkommen und der damit verbundenen sozialen Anerkennung psychosozial entlastet werden.

Durch den auf persönliche Weiterentwicklung ausgerichteten Fokus steht beim Coaching vor allem ein lösungsorientiertes Vorgehen im Vordergrund, das weniger die Problemanalyse betont, als die Entwicklung handlungs- und umsetzungsbezogener Strategien. Als besonders vorteilhaft hat sich für die Entwicklung von Lösungen die Aktivierung bzw. der Aufbau von psychischen Ressourcen erwiesen. Daher ist es naheliegend, dass sich der Ansatz der Positiven Psychologie gut auf Coachingprozesse übertragen lässt (Biswas-Diener, 2010). Hier kommt der Identifizierung von individuellen Stärken eine besondere Bedeutung zu, die als bereits vorhandene psychische Ressourcen individuelle Veränderungsprozesse umfassend unterstützen können.

In Bezug auf den hier entwickelten Ansatz zur Förderung einer nachhaltigen Entwicklung können im Coaching vor allem die vier psychischen Ressourcen der Sinnkonstruktion, Selbstwirksamkeit, Achtsamkeit und der Genussfähigkeit aktiviert und gestärkt werden. Hier ist es von zentraler Wichtigkeit, die Orientierung an immateriellen Zufriedenheitsquellen oder an Nachhaltigkeit weder als explizites noch als implizites Ziel des Coachings zu betrachten. Coachingprozesse müssen inhaltlich so weit wie möglich ergebnisoffen gehalten werden und sollten keine spezifischen Werthaltungen oder Weltanschauungen vermitteln. Durch die Förderung der psychischen Ressourcen der Genussfähigkeit, Selbstwirksamkeit, Achtsamkeit und Sinnkonstruktion ist im Coaching allerdings damit zu rechnen, dass immaterielle Zufriedenheitsquellen in den Blick geraten, die bisher weniger kultiviert worden sind. So gibt es im Erwachsenenalter nur wenige Anlässe und Gelegenheiten für Selbstreflexionen, in denen unabhängig vom Leidensdruck individuelle Werthaltungen thematisiert, verändert bzw. gestärkt werden können. Im Coaching wird diese Möglichkeit einer interaktiven Form der Selbstreflexion geboten. Ein weiterer Vorteil des Coachingansatzes ist darin zu sehen, dass hierüber Personen zu erreichen sind, die über freiwillige und eigenverantwortlich eingeleitete Veränderungen in ihrem eigenen Leben als innovative Multiplikatoren bzw. »change agents« (Rogers, 2003) einen kulturellen Wandel anstoßen können.

Zwei gravierende Nachteile weist der Coachingansatz jedoch auf dem Weg zur Förderung immaterieller Zufriedenheitsquellen auf. Erstens wird es nicht möglich sein, für alle Personen einer Gesellschaft ein methodisch fundiertes Beratungs- oder Coachingangebot zu realisieren. Die Inanspruchnahme eines Coachings bleibt gegenwärtig dem Einzelnen überlassen und ist aufgrund der nicht unerheblichen Kosten nur für wenige Menschen überhaupt finanzierbar. Insgesamt ist jedoch eine Tendenz zu beobachten, die durch eine ressourcenorientierte Beratung geschaffenen Reflexionsräume auf Unternehmens- und Organisationsebene auszuweiten, zum Beispiel im Rahmen der Personal- und

Organisationsentwicklung oder durch Supervisionsangebote. Hierdurch entstehen nicht nur mehr organisatorisch legitimierte Gelegenheiten zur Reflexion der eigenen Person, sondern die Betroffenen müssen ihre Entwicklungs- und Veränderungspotenziale dort vor allem unter Berücksichtigung der sie umgebenden organisationalen Anforderungen konkretisieren. Diese kontextualisierte Form der Reflexion vermeidet die Gefahr, allzu realitätsferne Vorstellungen vom eigenen Leben und Arbeiten zu entwickeln.

Der zweite Mangel des Coachingsansatzes zur Förderung immaterieller Zufriedenheitsquellen besteht darin, die Ausgestaltung von Veränderungsprozessen zu individualisieren und daher einseitig als Anpassungsprozesse an bereits existierende externe Macht- und Organisationsstrukturen zu realisieren. Das individuelle Handeln kann sehr schnell an seine Grenzen gelangen, wenn es nicht durch die umgebenden organisationalen Strukturen unterstützt wird. In diesem Fall nützt das beste Anti-Stress-Training auf Dauer nichts, wenn Arbeitsplätze so gestaltet werden, dass die einzelnen Arbeitnehmer einem Dauerstress ausgesetzt werden, der nicht mehr individuell kompensiert werden kann. Aus diesem Grund wird im Folgenden ausführlicher auf Maßnahmen zur Förderung psychischer Ressourcen eingegangen, die in unterschiedlichen organisatorischen Kontexten durchgeführt werden können.

## *Organisationale Ebene*

In den Anwendungsfeldern der Psychologie, wie der Umweltpsychologie oder der Arbeits- und Organisationspsychologie, werden die Maßnahmen für Veränderungsprozesse in differenzierter Weise an die Kontexte des individuellen Verhaltens angepasst. Auch die Positive Psychologie proklamiert für sich, nicht nur psychische Phänomene wie Emotionen und Charaktermerkmale verändern zu wollen, sondern auch Institutionen menschenfreundlicher zu gestalten (Seligman, 2002, S. XI). So wird in Sammelbänden und Lehrbüchern der Positiven Psychologie immer auch deren Anwendung in unterschiedlichen gesellschaftlichen Handlungsfeldern thematisiert, wie Bildung, Arbeit sowie die Gestaltung von Organisationen, Institutionen und des Gemeinwesens (zum Beispiel Lopez & Snyder, 2009; Donaldson, Csikszentmihalyi & Nakamura, 2011; Snyder, Lopez & Teramoto Pedrotti, 2011). Eine Möglichkeit zur strukturierten Beschreibung von sozialen Kontexten, in denen alltagsnahe Verhaltensänderungen angestrebt werden, liefert das Setting-Konzept, wie es von der WHO im Bereich der Gesundheitsförderung eingeführt worden ist. Hiernach bezeichnen Settings einen Ort oder sozialen Kontext, »der normalerweise physisch begrenzt ist, sich durch Beteiligte mit verschiedenen Rollen auszeichnet und über eine Organisationsstruktur verfügt« (Engelmann & Halkow, 2008, S. 28). Als klassische Settings der Gesundheitsförderung sind hiernach Schulen, Betriebe oder eingrenzbare sozialräumliche Einheiten, zum Beispiel Freizeiteinrichtungen oder Stadtquartiere, anzusehen. Die nachfolgenden Ausführungen orientieren sich an diesem Setting-Konzept und wenden dieses für die Beschreibung von Maßnahmen zur Förderung der sechs psychischen Ressourcen für nachhaltige Lebensstile in unterschiedlichen Organisationen an. Auf der organisationalen Ebene wird dabei zwischen Schulen, Hochschulen, Unternehmen, Non-Profit-Organisationen und dem Gemeinwesen differenziert, die sich jeweils durch eigenständige Organisationsziele und -merkmale auszeichnen.

*Schulen*

Die Schule wird von den meisten Menschen nicht als ein Ort des Wohlbefindens erfahren, sondern weitaus häufiger mit den Gefühlen Angst oder Langeweile assoziiert. Die Aufnahme eines Unterrichtsfaches Glück in den Lehrplan wird daher für sich genommen nicht ausreichen, um das subjektive Wohlbefinden von SchülerInnen zu erhöhen, wenn nicht gleichzeitig Veränderungen in der Organisation des Schulalltages vorgenommen werden, die sich an den Einsichten einer ressourcenorientierten Pädagogik orientieren. Hierzu sollte in allen Unterrichtsfächern vom Lehrpersonal eine ressourcenaktivierende Haltung eingenommen und als soziales Vorbild gelebt und verkörpert werden. Die Idee einer positiven Schule lässt sich durch die Metapher eines Schulgebäudes symbolisieren: Das Fundament bildet eine Haltung, die durch Unterstützung, Vertrauen und Anerkennung von Unterschiedlichkeit gekennzeichnet ist. Dieses Fundament dient als Basis für die Vermittlung spezifischer Lernziele und -inhalte in unterschiedlichen Stockwerken des Gebäudes (Snyder, Lopez, Teramoto Pedrotti, 2011, S. 392). Das Dach der Schule bilden die Beiträge der SchülerInnen, die auf das umgebende soziale Umfeld einwirken, wie zum Beispiel die Unterstützung jüngerer Schüler durch ein Mentoring oder der Einsatz für soziale Belange im sozialräumlichen Umfeld der Schule.

Im Angesicht dieser Vision einer positiven Schule stellt sich die Frage, warum diese im konkreten Alltag nur selten anzutreffen ist. Ein Hauptgrund dürfte darin bestehen, dass kein grundlegender Konsens über die inhaltlichen Ziele der Schulausbildung vorhanden ist. Auch wenn die allgemeinen Ziele, wie zum Beispiel Wissensvermittlung, Persönlichkeitsentwicklung oder der Erwerb sozialer Kompetenzen, weitgehend anerkannt werden, so impliziert dies weder einen Konsens über die Prioritäten dieser sich teilweise widersprechenden Ziele, noch über die Methoden, wie diese allgemeinen Ziele umzusetzen sind. Die Pädagogik beschäftigt sich seit mehreren Jahrhunderten als eigenständige akademische Disziplin mit diesen empirisch letztlich nicht beantwortbaren Fragen und kann daher immer nur Entwicklungspfade aufzeigen, die aus den jeweilgen pädagogischen Konzepten und Menschenbildannahmen resultieren. Eine ressourcenorientierte Pädagogik orientiert sich hierbei am humanistischen Menschenbild, das die individuellen Entwicklungspotenziale des Menschen betont. Hiernach ist der Wunsch zum Lernen eine grundlegende Eigenschaft des Menschen – vorausgesetzt die Lerninhalte dienen der persönlichen Weiterentwicklung und die Lernsettings unterstützen dieses Ziel.

Aus dieser humanistischen Perspektive heraus zielt eine an der Positiven Psychologie orientierte Schulausbildung vor allem darauf ab, das subjektive Wohlbefinden von SchülerInnen zu fördern. Der Erwerb von Kompetenzen bleibt hierbei natürlich weiterhin als relevantes Ziel der Schule bestehen, ordnet sich aber dem Wohlbefinden der SchülerInnen unter, weil Kompetenzen am besten und nachhaltigsten von SchülerInnen erworben werden, die sich wohlfühlen. Insgesamt sind vier allgemeine Merkmale von Schulen anzuführen, die sich an den Erkenntnissen der Positiven Psychologie orientieren: (1) eine Orientierung am subjektiven Wohlbefinden von SchülerInnen, (2) das Herstellen einer Passung zwischen den individuellen Fähigkeiten und Bedürfnissen der SchülerInnen und den Lernangeboten, (3) die Förderung positiver Interaktionen zwischen LehrerInnen und MitschülerInnen sowie (4) herausfordernde, interessante und freiwillige Lernaktivitäten (Huebner, Gillmann, Reschly & Hall, 2009, S. 565 f.).

Mit Blick auf die sechs identifizierten psychischen Ressourcen zur Förderung immaterieller Zufriedenheitsquellen kommen der Selbstwirksamkeit, der Sinnkonstruktion und der Solidarität in Schulsettings eine besondere Bedeutung zu. So ist Schule als Institution einerseits ohne jegliche Leistungs- und Erfolgskontrolle kaum realisierbar. Vor allem wenn bei Jugendlichen die Einstellung vorherrscht, Anti-Intellektualismus sei cool, sollten gute Schulleistungen auch entsprechend honoriert werden. Im Schulunterricht sollten dann jedem Schüler im Rahmen seiner Möglichkeiten so weit wie möglich Erfolge vermittelt werden, um seine Selbstwirksamkeitserwartungen zu steigern. Praktisch kann dies nur über individualisierte Lernpläne und Lernumgebungen erreicht werden. Das Abprüfen von Leistungen über standardisierte Testverfahren, in denen es immer nur wenige Beste geben wird, erschwert für die vielen Nichtbesten das Ausbilden von positiven Selbstwirksamkeitserwartungen. Es ist leicht einzusehen, dass ein einseitig auf Leistungs- und Konkurrenzdruck ausgerichtetes Lernen nur schwer mit den Zielen einer ressourcenorientierten Pädagogik zu vereinbaren ist.

Die Jugendphase wird als zentraler Lebensabschnitt für die Identitätsentwicklung angesehen, in der ein eigenes Norm- und Wertesystem, das Rollenverständnis im Hinblick auf das eigene Geschlecht, Partnerschaftsformen und das Berufsleben entwickelt werden. Die Schule stellt die dominierende Institution der Jugendphase dar. Daher ist es naheliegend der Schule eine besondere Funktion für die Identitätsentwicklung zuzuweisen. Aus ressourcenorientierter Perspektive sollten deswegen in der Schulphase vor allem Sinnkonstruktionsprozesse unterstützt werden. Es gibt keinen anderen Ort als die Schule, an dem Jugendliche unter professioneller und möglichst wertneutraler Moderation des Lehrpersonals bewährte Quellen zur Sinnkonstruktion aus der Kulturgeschichte der Menschheit mit Gleichaltrigen reflektieren können. Im Curriculum von Schulen sollten daher genügend Freiräume zur Reflexion von Sinnbezügen und damit der Bildung von Werten geschaffen werden, die über den Religions- oder Philosophieunterricht hinausgehen.

Weiterhin bietet die Schule einen besonders gut geeigneten organisatorischen Rahmen zur Förderung der psychischen Ressource der Solidarität. Das Einüben eines interessengeleiteten, gemeinschaftlichen Handelns gelingt allerdings nur, wenn zuvor Vertrauen zwischen den SchülerInnen und zu den LehrerInnen aufgebaut worden ist. Leistungs- und Konkurrenzdruck sind dabei als schlechte Voraussetzungen für das Entstehen von Vertrauen anzusehen. Gleiches gilt für einseitig technikgestützte Formen der zwischenmenschlichen Kommunikation, durch die sich persönliche Formen der face-to-face-Kommunikation verringern, wie zum Beispiel beim e-Learning.

Eigentlich sind die Voraussetzungen für das Ausbilden solidarischen Handelns im Schulkontext hervorragend, wenn dies als gemeinsame Aufgabe im

Klassenverband angegangen wird. Das Verfolgen selbstgesteckter Ziele, die Bewältigung gruppendynamischer Selbstorganisationsprozesse und das Erfahren positiver Konsequenzen des gemeinsamen Handelns liefern die beste Grundlage dafür, sich auch in Zukunft für gemeinschaftliche Ziele und Werte einzusetzen. Zur Förderung immaterieller Zufriedenheitsquellen in der Schule wird es auf Dauer notwendig sein, Werte zu vermitteln, die dem stetigen Konkurrenzkampf um sozialen Status entgegenwirken (Layard, 2009, S. 245), der als eine der wesentlichen Ursachen für das Bedürfnis nach materiellem Konsum anzusehen ist. Solidarisches Handeln wirkt diesem aggressiven Konsumindividualismus entgegen, wie er in den letzten Jahrzehnten in den westlichen Gesellschaften verstärkt kultiviert worden ist. Schulen könnten die ersten Organisationen sein, in denen dieser Wandel hin zu einem stärker solidarisch ausgerichteten Handeln eingeläutet werden kann. Alternative Organisationen mit einer vergleichbaren Multiplikatorwirkung sind hierzu momentan jedenfalls nicht in Sicht.

Mittlerweile gibt es mehrere Modellprojekte, in denen der Ansatz der Positiven Psychologie auf den Schulunterricht übertragen wurde. Seligman (2012) widmet in seiner neuesten Buchveröffentlichung diesem Thema ein eigenes Kapitel mit dem Titel »Positive Erziehung«, in dem er von Evaluationsergebnissen und Praxiserfahrungen berichtet. Dort beschreibt er die Inhalte und Wirkungen des Resilienz-Programms der Penn-Universität (PRP), das von ihm als das am »gründlichsten wissenschaftlich erforschte Programm zur Prävention von Depressionen der Welt« (Seligman, 2012, S. 123) bezeichnet wird und dessen Wirksamkeit mittlerweile durch Metaanalysen bestätigt wird (Brunwasser, Gillham & Kim, 2009). In diesem Präventionsprogramm zur Vermeidung psychischer Erkrankungen bei Kindern und Jugendlichen werden Bewältigungsmechanismen für die spezifischen Entwicklungsaufgaben in der Jugendphase vermittelt. Dabei steht vor allem der Aspekt der Förderung von positiven Emotionen im Mittelpunkt. Ein vollständig an den Erkenntnissen der Positiven Psychologie bzw. dem PERMA-Ansatz von Seligman orientiertes Curriculum wurde in der Strath Haven High School in Philadelphia mit Schülern im Alter von 14 und 15 Jahren durchgeführt. Hierbei zeigte sich, dass zum einen das Lernengagement der SchülerInnen aus Sicht der LehrerInnen und zum anderen auch die sozialen Kompetenzen der SchülerInnen sowohl aus Sicht der Mütter als auch der LehrerInnen verbessert werden konnten (Seligman, Ernst, Gillham, Reivich & Linkins, 2009, S. 302 f.).

Am detailliertesten beschreibt Seligman seine Erfahrungen bei der Ausrichtung des gesamten Lehrkonzeptes der Geelong Grammar School in Australien auf die Erkenntnisse der Positiven Psychologie. Im Rahmen dieses Schulprojektes wurden seit 2005 eigenständige Kurse zu Themen der Positiven Psychologie durchgeführt und diese Inhalte in allen anderen Lehrfächern so weit wie möglich eingebracht. Seligman schildert dieses Modellprojekt als großen Erfolg, ist sich dabei aber auch bewusst, dass seine Eindrücke nicht verallgemeinert werden können, weil die Veränderungen in der Geelong Grammar School nicht mit einer anderen Schule als Kontrollgruppe verglichen werden konnten (Seligman, 2012, S. 139).

In Deutschland ist erstmals im Jahre 2007 das Fach »Glück« in der Willy-Hellpach-Schule unterrichtet worden und zwar als eigenes Schulfach für WirtschaftsfachschülerInnen über einen Zeitraum von zwei Jahren und in einem Oberstufenkurs des gymnasialen Zweiges mit Wirtschaftsschwerpunkt. Als Lerninhalte wurden neben Erkenntnissen aus der Positiven Psychologie auch Kompetenzen zur gesunden Ernährung und dem Zusammenhang von Bewegung und Wohlbefinden vermittelt. Bei einem Vergleich mit einer Kontrollgruppe aus gleichaltrigen SchülerInnen bewerteten die WirtschaftsfachschülerInnen nach ihrem zweijährigen Unterricht im Fach Glück das Lern- und Schulklima, ihr subjektives Wohlbefinden sowie das solidarische Handeln im Klassenverbund als höher (Schubert, 2008, S. 172). Bei der Betrachtung der Evaluationsergebnisse wird jedoch wieder offensichtlich, dass der Nachweis der Wirkungen dieser neuen Unterrichtsinhalte und -formen im Schulkontext schwierig ist. So mangelt es den bisher durchgeführten Modellprojekten zur Vermittlung der Lerninhalte der Positiven Psychologie entweder an geeigneten Kontrollgruppen oder die Zeithorizonte der Messungen sind zu eng gesteckt, um langfristige Effekte erfassen zu können. Um hier in Zukunft zu verallgemeinerungsfähigen Erkenntnissen zu gelangen, sind weitere Studien mit entsprechenden methodischen Standards notwendig.

## *Hochschulen*

Weiter vorangeschritten ist die Vermittlung von Wissen hinsichtlich psychischer Ressourcen in der Ausbildung an Hochschulen. Im Rahmen von Kursen zur Beratungspsychologie und Psychotherapie gehören psychische Ressourcen zum Standardrepertoire des vermittelten Wissens. Der inhaltliche Fokus liegt hierbei auf Interventionen zur Aktivierung und Förderung von psychischen Ressourcen bei KlientInnen. Ein weiteres Ziel der Vermittlung von Wissen über psychische Ressourcen besteht darin, den helfenden BeraterInnen und TherapeutInnen Möglichkeiten zur Aktivierung der eigenen psychischen Ressourcen aufzuzeigen, um hiermit die Fähigkeiten zum Selbstmanagement zu erhöhen. Spezifische Lehrangebote zu den Inhalten der Positiven Psychologie werden mittlerweile auch in Masterstudiengängen vermittelt, wie zum Beispiel an Universitäten in Pennsylvenia und Claremount in den USA, in London und Buckinghamshire in Großbritannien, sowie in Aarhus in Dänemark.

Die inhaltliche Beschäftigung mit psychischen Ressourcen garantiert aber keineswegs, dass diese auch durch die Organisationsstruktur der Hochschule unterstützt werden. Die Lernziele einer ressourcenorientierten Ausbildung unterscheiden sich dabei zwischen Schulen und Hochschulen kaum. Das Setzen von erreichbaren Zielen, die sich an den jeweils individuellen Werten und Stärken der Studierenden ausrichten, gehört ebenso dazu, wie eine ressourcenorientierte Rückmeldekultur, in der individuell verursachte Fehler auf individuell kontrollierbare Ursachen zurückgeführt werden, um so die Selbstwirksamkeit zu steigern. Ebenso kann das solidarische Handeln an Hochschulen gefördert werden, wenn hierzu gemeinschaftsbezogene Aktivitäten in und außerhalb der Hochschule durchgeführt werden, wie Erstsemestertutorien, Sportprogramme oder Exkursionen mit kulturellem Schwerpunkt. Weiterhin sollten selbstreflexive Prozesse in der akademischen Ausbildung nicht nur Studierenden der geistes- und sozialwissenschaftlichen Fakultäten vorbehalten bleiben, sondern in einem jeweils adäquaten Umfang in sämtlichen Studiengängen etabliert werden. So sind alle akademischen Disziplinen – und dies gilt beispielsweise auch für die Mathematik oder Materialforschung – ausreichend mit erkenntnistheoretischen und ethischen Fragen verknüpft, an denen durchaus ein reflexives Denken geschult werden kann. Das in Frage stellen des scheinbar Eindeutigen und das Herstellen von Selbstbezügen, stellt die wichtigste Grundlage für selbstreflexive Sinnkonstruktionsprozesse dar, die sich nicht allein auf der Grundlage instrumenteller Wissensinhalte initiieren lassen.

Eine Besonderheit der Ausbildung an der Hochschule gegenüber der Schule besteht darin, dass die AbsolventInnen auf Führungspositionen im Berufsalltag vorbereitet werden. Authentische Führungsqualitäten sind dabei als ein wesentlicher Erfolgsfaktor von Organisationen anzusehen. Für authentische

Führung ist es dabei notwendig, die eigenen Emotionen wahrzunehmen und regulieren zu können, achtsam gegenüber den am Führungsprozess beteiligten Personen zu sein, die Veränderbarkeit und Wachstumsmöglichkeiten von Personen und Organisationen zu betonen und dabei den Blick auf die Stärken der Personen und Organisationen zu richten (Schreiner, Hulme, Hetzel & Lopez, 2009, S. 575 f.). Von außen betrachtet werden die Konzeptionen von ressourcenorientierten Hochschulen (zum Beispiel Oades, Robinson, Green & Spence, 2011; McGovern, 2011) gegenwärtig noch stärker durch normative Inhalte als durch empirisch abgesicherte Erkenntnisse bestimmt. So liegen zwar ausreichend Messinstrumente zur Erfassung der Komponenten des studentischen Wohlbefindens in den Hochschulen vor (Lopez & Calderon, 2011) und es wird über viele Einzelbeispiele zu spezifischen Inhalten und Lernformen von Inhalten der Positiven Psychologie berichtet (Biswas-Diener & Patterson, 2011; Magyar-Moe, 2011). Aber auch im Bereich der Hochschulen steht ähnlich wie bei den Schulen noch eine umfassende Evaluation der Wirkungen von ressourcenorientierten Lernumgebungen aus.

Einer besonderen Anmerkung bedarf es im Kontext der Förderung von psychischen Ressourcen hinsichtlich des im europäischen Hochschulraum eingeleiteten Reformprozesses von Bologna. In dessen Mittelpunkt steht die Standardisierung und Modularisierung von Wissen und Kompetenzen mit dem Ziel einer internationalen Vergleichbarkeit von Bildungsabschlüssen. Wenigstens zu dem Ziel der Förderung der psychischen Ressource Sinnkonstruktion steht der Bologna-Prozess im deutlichen Widerspruch. Das Abarbeiten einzelner Lehrmodule und der damit verbundene Erwerb von Leistungspunkten können das subjektive Wohlbefinden von Studierenden bei entsprechenden Erfolgen kurzfristig zwar erhöhen. Aber Sinnkonstruktion ist durch den Erwerb modularisierten und damit meist auch fragmentarischen Wissens langfristig nicht möglich, weil dies sowohl die Integration unterschiedlichen Wissens als auch dessen Reflexion aus einer jeweils wertbezogenen Perspektive erfordert. Weiterhin resultiert aus dem Ziel der Standardisierung des Wissens und der Kompetenzen, die Notwendigkeit einer stetigen Qualitätskontrolle von Lernprozessen, die sich in einer kontinuierlichen Prüfungs- und Testaktivität niederschlägt. Hierdurch wird für die Studierenden ein permanenter Prüfungs- und Leistungsdruck aufgebaut, der durch die Konkurrenz auf dem Arbeitsmarkt und um weiterführende Studienplätze noch verschärft wird. Dieser Prüfungs- und Leistungsdruck ist eine denkbar ungünstige Voraussetzung zum Ausbilden eines solidarischen Handelns. Daher muss ein kultureller Wandel in Richtung auf eine Postwachstumsgesellschaft nicht nur von den Hochschulen ausgehen, sondern auch innerhalb der Hochschulorganisation selber stattfinden. In diesem Sinne gibt es Einiges zu korrigieren, was durch eine einseitig am Effizienzkriterium ausgerichtete Hochschulentwicklung in den letzten Jahren begonnen wurde und unter dieser Maßgabe immer noch weiter fortgeführt wird.

## Unternehmen

Das Ziel von Unternehmen besteht darin, eine möglichst hohe Produktivität unter möglichst geringem Einsatz von Kosten zu erreichen. Daher werden Unternehmen in ihren Entscheidungen maßgeblich durch Effizienzkriterien bestimmt. Das subjektive Wohlbefinden der MitarbeiterInnen gerät dieser Logik folgend dann in den Fokus unternehmerischen Handelns, wenn es sich auf die Produktivität eines Unternehmens positiv auswirkt. In hoch entwickelten Industrie- und Dienstleistungsgesellschaften sind MitarbeiterInnen mittlerweile ein wichtiger Produktivfaktor für Unternehmen: MitarbeiterInnen, die sich wohl fühlen, sind leistungsfähiger und erhöhen auf diese Weise auch die Produktivität eines Unternehmens. Vor diesem Hintergrund lassen sich die psychischen Ressourcen von MitarbeiterInnen als ein psychologisches Kapital ansehen, in das es sich für ein Unternehmen aus Gründen der Effizienzsteigerung bzw. -sicherung zu investieren lohnt. Psychische Ressourcen stärken dabei die Leistungsfähigkeit der MitarbeiterInnen im Unternehmen und sind damit auf einer individuellen Ebene beobachtbar und messbar. Als psychische Ressourcen werden in diesem Zusammenhang Selbstwirksamkeit, Hoffnung, Optimismus und Resilienz angeführt (Luthans & Youssef, 2009). Das individuelle Arbeitsverhalten wird jedoch nicht nur durch psychische Ressourcen bzw. personenbezogene Merkmale, sondern auch maßgeblich durch die Organisationsstrukturen von Unternehmen bestimmt. Organisationsstrukturen lassen sich dabei so gestalten, dass sie den Aufbau psychischer Ressourcen unterstützen.

Die umfassendste Systematisierung von organisationspsychologischen Maßnahmen, die aus der Perspektive der Positiven Psychologie heraus entwickelt worden sind, haben Donaldson und Ko (2010) vorgenommen. In ihrem Review identifizieren sie 19 thematische Schwerpunkte in 172 fachbegutachteten Forschungsartikeln, die im Zeitraum von 2001 bis 2009 in 70 verschiedenen Fachzeitschriften zu diesem Thema veröffentlicht worden sind. In direkter Weise wird hier keine der sechs psychischen Ressourcen zur Förderung immaterieller Zufriedenheitsquellen als Maßnahme zur positiven Organisationsentwicklung angesprochen. Indirekt wird jedoch die Ressource der Selbstwirksamkeit als eine Komponente des psychologischen Kapitals mitberücksichtigt. Auch wenn die psychischen Ressourcen zur Förderung immaterieller Zufriedenheitsquellen nicht im Zentrum von Maßnahmen zur Organisationsentwicklung stehen, können neben der Förderung der Selbstwirksamkeit zwei weitere psychische Ressourcen benannt werden, die vor allem im Rahmen der Personalentwicklung von Unternehmen gefördert werden: die Sinnkonstruktion und das solidarische Handeln.

Maßnahmen zur Förderung der Sinnkonstruktion und des solidarischen Handelns unterstützen jedoch nur dann eine nachhaltige Entwicklung, wenn diese nicht ausschließlich auf die Umsetzung der Ziele eines einzelnen Unternehmens im Konkurrenzkampf mit anderen Unternehmen ausgerichtet sind. Ihre Bedeutung erhalten diese psychischen Ressourcen, wenn sie mit Inhalten verknüpft werden, die über die Ziele des Unternehmens hinausgehen. So sollte die Selbstwirksamkeit nicht nur hinsichtlich rein fachlicher oder innerbetrieblicher Kompetenzen gestärkt werden, sondern auch auf die gesamte Lebensgestaltung ausstrahlen, zum Beispiel im Sinne kommunikativer oder sozialer Kompetenzen. Die Sinngebung sollte sich nicht nur auf das Ziel der Gewinnmaximierung im eigenen Unternehmen beschränken, sondern die Arbeit im Unternehmen in einen größeren gesellschaftlichen oder transzendenten Sinnzusammenhang einordnen. Darüber hinaus sollte sich das solidarische Handeln über die MitarbeiterInnen des eigenen Unternehmens hinaus, auf möglichst große Personenkreise beziehen. Die Impulse für eine Erweiterung der Perspektive der psychischen Ressourcen auf überbetriebliche Zusammenhänge kommen hierbei meist nicht aus den Unternehmen selber, sondern werden durch gesellschaftliche und kulturelle Reflexionsprozesse in die Unternehmen hineingetragen. Ein Beispiel hierfür stellt der Corporate Social Responsibility-Ansatz dar, in dem die gesamtgesellschaftliche Verantwortung von Unternehmen auch in Richtung auf eine nachhaltige Entwicklung betont wird. Ob sich diese Verantwortung durch DIN-Normen in das operative Geschäft von Unternehmen implementieren lässt (Hahn, 2012), ist sicherlich diskussionswürdig. Ganz offensichtlich wird hierdurch jedoch eine höhere Verbindlichkeit dafür geschaffen, dass sich Unternehmen nicht nur an der Schaffung materieller Mehrwerte, sondern zusätzlich auch moralischer Mehrwerte beteiligen sollen.

Aus historischer Perspektive betrachtet, diente die Lohnarbeit in erster Linie dazu, die materielle Existenz zu sichern. Dies war teilweise mit sehr hohen individuellen Kosten hinsichtlich Lebensqualität und Gesundheit verbunden. Mittlerweile führen Unternehmen eine Vielzahl von Maßnahmen mit dem Ziel einer Humanisierung der Arbeitswelt durch, um die arbeitsbedingten Belastungen für ihre MitarbeiterInnen zu verringern. Dies erfolgt von Seiten der Unternehmen nicht ohne Eigennutz: MitarbeiterInnen, die sich wohlfühlen, steigern auch die Produktivität von Unternehmen. Maßnahmen zur Steigerung des subjektiven Wohlbefindens am Arbeitsplatz können hier bei der Unterstützung der Work-Life-Balance der MitarbeiterInnen, der Arbeitsplatzgestaltung und dem Führungsverhalten der Vorgesetzten ansetzen (Ruckriegel, 2012).

Vor allem der Work-Life-Balance von Beschäftigten kommt bei der Förderung immaterieller Zufriedenheitsquellen eine besondere Bedeutung zu. Personen, die in ihrer Alltagsgestaltung weitgehend von den Anforderungen der Lohnarbeit bestimmt werden und nur wenig Zeit zur Entspannung und Selbstreflexion finden, können sich im psychologischen Sinne nur schwer weiterentwickeln. Die Folgen von kontinuierlich hohen psychischen Arbeitsbelastungen sind Entfremdung und Sinnleere. Hierdurch steigt die Wahrscheinlichkeit, dass durch den erlebten Mangel an Selbstbestimmung und Sinnorientierung auf kompensatorische Formen des materiellen Konsums zurückgegriffen wird. Steht jedoch genügend Zeit und Raum für die Pflege von sozialen Beziehungen und sinnerfüllten Tätigkeiten zur Verfügung, verliert der kompensatorische materielle Konsum an Bedeutung. Als wichtigste Aktivitäten zur Regulierung der Work-Life-Balance sind hier die Betreuung von Kindern und Familienangehörigen, das Kultivieren von Freundschaften, ein bürgerschaftliches Engagement und ehrenamtliche Tätigkeiten, sowie die Förderung der eigenen Gesundheit anzusehen. Diese Life-Aktivitäten können von der Unternehmensseite vor allem durch flexible Arbeitszeitmodelle unterstützt werden, die Zeiträume für soziale und sinnstiftende Tätigkeiten außerhalb der Arbeitszeit schaffen (zum Beispiel durch Teilzeit- und Arbeitszeitkonten sowie alternierende Formen der Telearbeit). Ebenso kann eine betriebliche Gesundheitsförderung die Work-Life-Balance unterstützen, wenn diese nicht nur auf die Erhöhung der körperlichen Fitness abzielt, sondern den MitarbeiterInnen zusätzlich gesundheitsbezogene Kompetenzen vermittelt.

Eine besonders hochwertige Form der Personalentwicklung in Unternehmen bieten Coachings, in denen im Kontext der eigenen beruflichen Weiterentwicklung Aspekte der Work-Life-Balance und Gesundheitsförderung thematisiert werden. Bisher werden Coachings von Unternehmensseite in der Regel nur für Führungskräfte angeboten. Derartige Reflexionsprozesse lassen sich jedoch auch im Rahmen von Maßnahmen zur Personalentwicklung in größeren Gruppen von Beschäftigen und damit auf weniger kostenintensive Weise durchführen. Als Voraussetzung für eine positive Akzeptanz muss ein derartiges Coaching jedoch inhaltsoffen angelegt sein und nicht nur der Erhöhung der Produktivität des Unternehmens dienen, um bei den MitarbeiterInnen nicht als manipulatorisch wahrgenommen zu werden.

## Non-Profit-Organisationen

Non-Profit-Organisationen verfolgen gemeinnützige, soziale, kulturelle oder wissenschaftliche Ziele und sind dabei in Abgrenzung zu Unternehmen nicht auf das Erzielen von wirtschaftlichen Gewinnen ausgerichtet. Die Mitarbeiter von Non-Profit-Organisationen identifizieren sich in der Regel stärker mit den inhaltlichen Werten und Zielen ihrer Organisation, weil sie sich persönlich diesen Werten und Zielen verpflichtet fühlen. Sie sind stärker intrinsisch motiviert als die Mitarbeiter von Unternehmen, deren Arbeitsmotivation maßgeblich durch extrinsische Anreize, wie die Höhe des Lohnes oder günstige Arbeitsbedingungen bestimmt wird. Häufig finden sich in Non-Profit-Unternehmen auch Formen von ehrenamtlichen Tätigkeiten, was ebenfalls auf die hohe Identifikation der MitarbeiterInnen mit den Werten und Zielen der jeweiligen Organisationen hindeutet. Für den kulturellen Wandel in Richtung einer nachhaltigen Entwicklung stellen Non-Profit-Organisationen besonders wichtige Akteure dar. Non-Profit-Organisationen setzen innovative Nachhaltigkeitsideen und -konzepte meist pionierhaft als Erste in die Tat um, lange bevor diese von Unternehmen in lukrative Geschäftsmodelle überführt werden können. Ebenso wird diesen eine hohe Glaubwürdigkeit in der Umsetzung von Nachhaltigkeitszielen zugeschrieben, gerade weil sie nur den Werten und Zielen ihrer Organisationen verpflichtet sind und unabhängig von wirtschaftlichen Gewinnerwartungen agieren können.

Für die Mitglieder von Non-Profit-Organisationen stellen Sinnkonstruktionen eine wichtige Motivationsquelle für deren Engagement in den jeweiligen

Organisationen dar. Daher sollten Sinngebungsprozesse auch dauerhaft durch organisationale Maßnahmen gefördert werden, zum Beispiel durch regelmäßige gemeinschaftliche Klausurtagungen oder Workshops, in denen die Organisationsziele und die Verpflichtung auf diese Ziele immer wieder kommuniziert und aktualisiert werden. Außerdem müssen die Werte und Ziele auch im konkreten Alltag von Organisationen gelebt und kultiviert werden, so zum Beispiel im Nachhaltigkeitsbereich durch die Nutzung regenerativer Energiequellen oder die Zusammenarbeit mit ökologisch-sozial ausgerichteten Banken.

Auch zur Förderung der psychischen Ressource Solidarität bieten sich in Non-Profit-Organisationen in der Regel gute Möglichkeiten. Die Gemeinnützigkeit der Ziele von Non-Profit-Organisationen liefert auf der Wertebene eine adäquate Grundlage für gemeinschaftliches und zielgerichtetes Handeln. Durch transparente Kommunikationsstrukturen und gemeinschaftlich angelegte Entscheidungsprozesse können die Mitglieder in die gemeinschaftlichen Aktionen der Non-Profit-Organisation eingebunden werden. Jedem einzelnen Mitarbeiter kann so das Gefühl vermittelt werden, an der Umsetzung eines gemeinsamen Zieles mitzuwirken. Da Non-Profit-Organisationen von ihrer Größe meist noch einen direkten face-to-face-Kontakt der Mitglieder zulassen und keine extremen Formen der Arbeitsteilung in ihrer Arbeitsorganisation aufweisen, fällt dort die Vermittlung des Gefühls eines solidarischen Handelns leichter als in komplexen und hoch ausdifferenzierten Wirtschaftsunternehmen oder öffentlichen Institutionen. Wenn sich Erfolge im gemeinsamen Handeln einstellen, steigt auch die kollektive Selbstwirksamkeit in den Non-Profit-Organisationen. Denn nur wenn Mitarbeiter davon überzeugt sind, einen persönlichen Beitrag zum Erreichen der Organisationsziele leisten zu können, werden sie sich aus intrinsischen Gründen dauerhaft in einer Non-Profit-Organisation engagieren.

Zusammenfassend sollte daher die Pionierfunktion von Non-Profit-Organisationen beim kulturellen Wandel in Richtung auf eine nachhaltige Entwicklung berücksichtigt werden. Die MitarbeiterInnen von Non-Profit-Organisationen im Nachhaltigkeitsbereich weisen bereits eine hohe Ausprägung in ihren sozial- und umweltbezogenen Werten auf. Daher müssen sie vor allem bei der Umsetzung ihrer Ziele und Werte in der konkreten Tätigkeit in den Non-Profit-Organisationen unterstützt werden. Dies kann vor allem über die Aktivierung der drei psychischen Ressourcen Selbstwirksamkeit, Sinngebung und Solidarität erreicht werden. Eine zentrale Bedeutung kommt hier der Ressource der Selbstwirksamkeit zu. So lässt sich empirisch belegen, dass das Engagement von UmweltaktivistInnen in Umweltorganisationen durch eine aktive, zielgerichtete und auf die Erhöhung der eigenen Kompetenzen ausgerichtete Haltung positiv beeinflusst wird (Hunecke & Ziesenitz, 2011). Trotzdem stellen ökologische Wertorientierungen eine – wenn nicht die wichtigste – motivationale Grundlage dafür dar, in Umwelt- und Nachhaltigkeitsorganisationen aktiv zu werden. Daher sollten bei der Akquirierung neuer Mitglieder für Nachhaltigkeitsorganisationen auch vornehmlich ökologische und soziale Werte angesprochen werden. Sind die Mitglieder dann dauerhaft in den Organisationen aktiv, ist es wichtig deren Anfangsmotivation durch Kommunikations- und Führungsstrukturen aufrechtzuerhalten, die individuell und kollektiv erzielte Erfolge möglichst direkt und konkret sichtbar machen.

## *Ebene des Gemeinwesens*

Das Gemeinwesen beschreibt kein eindeutig eingrenzbares Setting. Vielmehr lässt sich auf der Ebene des Gemeinwesens eine Vielzahl von Settings identifizieren, die durch einen konkreten sozialräumlichen Bezug charakterisiert werden, so zum Beispiel bei einem Stadtquartier oder einem Freizeitpark. Im Folgenden kann nicht auf die Vielzahl von Settings im Gemeinwesen eingegangen werden, deren spezifische soziale Dynamik sich jeweils aus dem Zusammenspiel der räumlichen, sozialen, organisatorischen und personenbezogenen Merkmale ergibt. Stattdessen werden zwei allgemeine Strategien benannt, die settingübergreifend zu einer Orientierung an immateriellen Zufriedenheitsquellen auf der Ebene des Gemeinwesens beitragen können.

Die erste Strategie beinhaltet die Berücksichtigung von subjektiven Indikatoren bei der Beschreibung der Lebensqualität auf Gemeinwesenebene. Es existieren mittlerweile ausreichend zuverlässige Messinstrumente, um die subjektive Lebenszufriedenheit bzw. das subjektive Wohlbefinden in standardisierten Befragungen erfassen zu können (Bucher, 2009, S. 18 ff.; Diener & Biswas-Diener, 2008, S. 234 ff.). Nur wenn es gelingt, die subjektive Sichtweise der betroffenen Menschen mit zu erfassen, kann die Lebensqualität einer Stadt, einer Region oder auch von ganzen Nationen im Sinne einer Sozialberichterstattung angemessen beurteilt werden. Bisher dominieren quantifizierbare Indikatoren die Bewertungen von Lebensqualität. Was jedoch Wohlstand ist, lässt sich nicht allein auf der Grundlage von Wirtschaftsindikatoren wie dem Bruttoinlandsprodukt (BIP) oder von Umweltindikatoren wie dem ökologischen Fußabdruck beschreiben. Wohlstand umfasst auch die subjektive Wahrnehmung und Bewertung der jeweils vorgefundenen Lebenssituation und ist damit als ein kulturelles Konstrukt anzusehen, das nicht auf Quantifizierungen materieller Prozesse reduziert werden kann. Falls dieses reduktive Vorgehen trotzdem gewählt wird, ignoriert dies bewusst individuelle Ansprüche auf ein zufriedenes bzw. glückliches Leben. Dieses Ignorieren subjektiver Bewertungen steht seinerseits in einer kulturellen Tradition, die Wohlstand über wirtschaftliche und gut messbare Indikatoren definiert und damit bewusst oder unbewusst ein Verständnis vom guten Wirtschaften im Sinne eines stetigen Wirtschaftswachstums fortschreibt. Mittlerweile weist diese Wohlstandsdefinition jedoch kulturelle Erosionserscheinungen auf und Versuche nehmen zu, die subjektive Seite des Wohlstandes mit in die Bewertungen von Lebensqualität aufzunehmen. Deutschland hat diese Chance in seiner Enquete-Kommission des Bundestages zu »Wachstum, Wohlstand, Lebensqualität« nicht genutzt und begrenzt Wohlstand damit weiterhin auf ökonomische und einige ergänzende umwelt- und gesellschaftsbezogene Indikatoren (Institut für Gesellschaftsforschung und Sozialpolitik, 2011). Ein besseres Beispiel bietet in diesem Zusammenhang der Staat Bhutan, in dem subjektive und objektive Indikatoren auf methodisch durchaus reflektierte Weise zu einem nationalen Glücksindex zusammengefasst werden (Ura, Alkire, Zangmo & Wangdi, 2012). In Deutschland werden vergleichbare Daten bereits in einigen Studien und Surveys erhoben, so zum Beispiel im Glücksatlas der deutschen Post (Raffelhüschen & Schöppner, 2012). Das Ziel sollte jedoch auch hier darin bestehen, die Befunde zur subjektiven Bewertung der Lebensqualität nicht nur für Marketing- oder Forschungszwecke zu verwenden, sondern in politische Entscheidungsprozesse mit einfließen zu lassen.

Die zweite Strategie zur Förderung immaterieller Zufriedenheitsquellen bezieht sich auf die Beteiligung von BürgerInnen an politisch-administrativen Entscheidungen, die im Gemeinwesen auf kommunaler, regionaler oder nationaler Ebene zu treffen sind. Die Auswirkungen einer stärkeren Beteiligung von BürgerInnen an Entscheidungsprozessen können allerdings nur dann hinreichend beurteilt werden, wenn das subjektive Wohlbefinden der BürgerInnen überhaupt erfasst wird. Weiterhin erweisen sich Untersuchungsdesigns als methodisch schwer zu realisieren, durch die sich die Wirkungen von Bürgerbeteiligungsprozessen eindeutig nachweisen lassen. Genau dies ist Frey und Stutzer (2000) auf einmalige Weise mit einer quasiexperimentellen Feldstudie gelungen, die sich auf die gesamte Schweiz erstreckt hat. In der Schweiz sind Volksentscheide ein fester Bestandteil der politischen Entscheidungsfindung. Innerhalb der föderalistisch organisierten Schweiz gibt es 26 Kantone, die sich jeweils noch einmal hinsichtlich der direkt-demokratischen Partizipationsmöglichkeiten der BürgerInnen unterscheiden. Unter statistischer Kontrolle von räumlichen und soziodemographischen Einflussfaktoren konnten Frey und Stutzer einen unabhängigen Einfluss des Ausmaßes der Partizipationsmöglichkeiten auf die Lebenszufriedenheit der Schweizer BürgerInnen empirisch nachweisen. Da sich dieser Effekt bereits auf dem weltweit einzigartig hohen Niveau der Bürgerbeteiligung in der Schweiz zeigt, ist zu erwarten, dass der Einfluss der Partizipationsmöglichkeiten von Bürgern auf die Lebenszufriedenheiten in Ländern noch stärker ausfällt, in denen der Demokratisierungsgrad deutlich geringer ausgeprägt ist.

Politische Partizipationsmöglichkeiten sichern BürgerInnen ein Mitspracherecht auf der Ebene des Gemeinwesens. Die Überzeugung das Gemeinwesen persönlich beeinflussen zu können, liefert die Grundlage für das Ausbilden einer politisch ausgerichteten Selbstwirksamkeit, was gleichzeitig das subjektive Wohlbefinden steigert. Trotzdem muss sich jeder Bürger klar darüber sein, dass er auf sich allein gestellt nur geringe politische Einflussmöglichkeiten besitzt. Daher besteht die wichtigste Strategie von BürgerInnen in demokratischen Gesellschaften darin, sich mit BürgerInnen gleicher Interessenlage zu solidarisieren, zu organisieren und Netzwerke zu bilden, um mit vereinten Kräften Einfluss auf politische Entscheidungsprozesse im Gemeinwesen nehmen zu können. Damit bildet ein interessengeleitetes kollektives Handeln auf der Ebene des Gemeinwesens das paradigmatische Anwendungsfeld für das solidarische Handeln. Wer einen kulturellen Wandel in Richtung auf Nachhaltigkeit und immaterielle Zufriedenheitsquellen anstrebt, muss die BürgerInnen zum Wahrnehmen der vorhandenen und Schaffung neuer zivilgesellschaftlicher Partizipationsmöglichkeiten ermächtigen. Dies mag für bestehende Interessensallianzen mit Risiken verbunden sein. Auf das subjektive Wohlbefinden der BürgerInnen wird sich dies auf lange Sicht jedoch mit hoher Wahrscheinlichkeit positiv auswirken.

Um die Ableitung von konkreten Maßnahmen zur Förderung der sechs psychischen Ressourcen zu unterstützen, findet sich im Anhang dieses Buches eine Tabelle, in der Zielgruppen, Verknüpfungen zum Nachhaltigkeitsthema, Gefahren und wechselseitige Unterstützungen im Hinblick auf die Aktivierung der psychischen Ressourcen benannt werden. Diese Übersicht soll eine erste Orientierung bieten, Ansatzpunkte zur Aktivierung einzelner psychischer Ressourcen im Gesamtverbund der sechs psychischen Ressourcen zu identifizieren.

# 6.
# Möglichkeiten und Grenzen der Förderung psychischer Ressourcen für nachhaltige Lebensstile

Die beiden wichtigsten theoretischen Elemente des hier entwickelten Ansatzes zur Förderung nachhaltiger Wohlstandmodelle sind die Genuss-Ziel-Sinn-Theorie des subjektiven Wohlbefindens und die daraus abgeleiteten sechs psychischen Ressourcen Genussfähigkeit, Selbstakzeptanz, Selbstwirksamkeit, Achtsamkeit, Sinnkonstruktion und Solidarität. Die dabei gewählte Perspektive fokussiert ganz bewusst auf das Individuum als Ausgangspunkt für einen kulturellen Wandel in Richtung auf nachhaltige Wohlstandmodelle. Innerhalb dieser individuumsbezogenen Perspektive wird vor allem Bezug auf die Erkenntnisse der Positiven Psychologie und ressourcenorientierten Beratung genommen. Diese thematische Fokussierung erfolgt in erster Linie aus analytischen Gründen und klammert viele weitere relevante Aspekte der Sozial- und Verhaltenswissenschaften aus. Im abschließenden Kapitel wird die Perspektivität des hier entwickelten Ansatzes reflektiert und in Beziehung zu anderen Perspektiven und Erkenntnissen der transdisziplinären Nachhaltigkeitsforschung gesetzt. Die Reflexion orientiert sich dabei an drei Argumentationslinien, die gegen den hier gewählten Ansatz angeführt werden können: (1) Eine psychologistische Perspektivverengung, (2) eine mangelnde wissenschaftliche Fundierung und (3) die Überbewertung individueller Glückserfahrungen für Versuche, einen kulturellen Wandel in Richtung nachhaltiger Lebensstile zu initiieren.

## Psychologistische Perspektivverengung

Der Ausgangspunkt zur Identifizierung von psychischen Ressourcen beruht auf der Einsicht, dass ein kultureller Wandel in Richtung auf nachhaltige Lebensstile bisher nur auf der Ebene theoretischer Reflexionen stattgefunden hat. So ist einiges an Wissen darüber zusammengetragen worden, wie dieser kulturelle Wandel aussehen sollte. Das große Problem besteht jedoch in dessen Umsetzung. Weder durch die Formulierung von Leitbildern zur Nachhaltigkeit und Suffizienz noch durch technologische Effizienzsteigerungen oder die Einrichtung neuer Märkte zum Emissionshandel konnte bisher ein nachhaltiger Ressourcenverbrauch in den früh industrialisierten Ländern erreicht werden. Es wird immer offensichtlicher, dass politische und ökonomische Steuerungsprozesse allein nicht ausreichen werden, den Ressourcenverbrauch auf ein nachhaltiges Maß zu reduzieren. Hierzu ist ein kultureller Wandel notwendig, der sich von keinem Ort aus zentral steuern lässt. Hierzu sind vielmehr eigenständig denkende und handelnde BürgerInnen notwendig, die bereit sind Widerstand sowohl gegen äußere Verhältnisse als auch gegen innere Überzeugungen und Gewohnheiten zu leisten (Welzer, 2013). Der hierfür notwendige Wandel im individuellen Denken und Handeln sollte durch selbstreflexive Prozesse eingeleitet werden – und zwar auf freiwillige Weise, bevor der Leidensdruck für die Einzelnen zu groß wird, der durch die Einschränkungen und Entbehrungen nicht mehr steuerbarer Veränderungsprozesse erzeugt wird.

An dieser Stelle setzen die vorliegenden Überlegungen an, um Ansatzpunkte für individuelle Reflexionsprozesse zu benennen, die nicht aus der Not geboren sind, sondern direkt mit einer Steigerung des individuellen Wohlbefindens verbunden sind. Die Aktivierung und Förderung der sechs identifizierten psychischen Ressourcen bietet dem Einzelnen den unmittelbaren Nutzen, seine eigenen Widerstandskräfte gegen die Anforderungen und Belastungen des Lebensalltags zu erhöhen. Durch diesen Blick auf individuelle Prozesse der Informationsverarbeitung und -bewertung soll jedoch nicht der Eindruck erweckt werden, dass sich nachhaltige Lebensstile allein auf der Grundlage von individuellen Entscheidungen implementieren lassen. Die Stärkung und Ermächtigung der Individuen einer Gesellschaft kann nicht die politische und ökonomische Gestaltung einer Gesellschaft über verbindliche Normen und Institutionen ersetzen, sondern allenfalls ergänzen. Individuell richtiges Verhalten ist in falschen Strukturen für den Einzelnen meist zu aufwendig, um dauerhaft praktiziert zu werden. Daher muss neben der hier entwickelten individuellen Perspektive, auch weiterhin der Ansatz verfolgt werden, die sozialen und natürlichen Verhältnisse auf einer strukturellen Ebene nachhaltig zu gestalten. In diesem Zusammenhang ist besonders darauf zu achten, die vorhandenen Entscheidungsspielräume hinsichtlich der individuellen Lebensführung, die in demokratischen Gesellschaften dem Einzelnen zur Verfügung stehen, zu bewahren und gegebenenfalls noch weiter zu erhöhen. Hierunter fällt auch die Kluft zwischen Arm und Reich möglichst gering zu halten, um damit eine Chancengleichheit für alle Mitglieder der Gesellschaft zu gewährleisten, sich an der politischen und ökonomischen Gestaltung des Gemeinwesens zu beteiligen.

Trotz des Fokus auf psychische Aspekte wird in dem hier entwickelten Ansatz explizit eine Verbindung zum kollektiven Handeln aufgezeigt. Hier kommt der psychischen Ressource der Solidarität die wichtige Brückenfunktion zu, das individuelle mit dem kollektiven Handeln zu verknüpfen. Außerdem ist es an dieser Stelle von entscheidender Wichtigkeit das Zusammenwirken der sechs identifizierten psychischen Ressourcen zu beachten (vgl. Abb. 1 und den Anhang). Entsprechend dem hier entwickelten Ansatz ist erst dann eine gesellschaftliche und politische Ermächtigung zu erwarten, wenn zusätzlich zu einer psychologischen Ermächtigung, die aus einer Aktivierung der Genussfähigkeit, Selbstakzeptanz, Selbstwirksamkeit und Achtsamkeit resultiert, auch noch die psychischen Ressourcen der Sinnkonstruktion und Solidarität gefördert werden. So kann sich aufgrund spezifischer biographischer Konstellationen bei einzelnen Personen durchaus ein ausgeprägtes solidarisches Verhalten entwickeln. Falls dies jedoch nicht durch andere psychische Ressourcen wie eine hohe Selbstwirksamkeit oder wertgebundene Sinnkonstruktionen unterstützt wird, besteht die Gefahr, dass die betreffenden Personen nur so lange solidarisch handeln, wie es ihnen direkte Vorteile in der konkreten Handlungssituation verschafft. Der Einzelne hat dann keine psychischen Ressourcen aufgebaut, um auch in Situationen solidarisch zu handeln, die keinen direkten persönlichen Vorteil versprechen. Genau dies wird aber notwendig sein, wenn ein kultureller Wandel in Richtung auf nachhaltige Lebensstile angestrebt wird. Die Gestaltung von politischen und ökonomischen Strukturen, die das individuelle Verhalten über Anreize und die Motivation des persönlichen Vorteils in Richtung Nachhaltigkeit steuern, ist zwar dringend erforderlich, darf aber keinesfalls isoliert erfolgen. Wenn der Wandel von Strukturen und Verhältnissen in Richtung Nachhaltigkeit nicht zusätzlich durch solidarisch handelnde Akteure in Führungs- und Multiplikatorfunktionen unterstützt wird, droht die Gefahr, die notwendigen strukturellen Transformationsprozesse nicht schnell genug umsetzen zu können.

## Mangelnde wissenschaftliche Fundierung

Eine mangelnde Wissenschaftlichkeit könnte der hier entwickelten Konzeption aufgrund ihrer theoretischen Bezüge zur Positiven Psychologie unterstellt werden. Dies ist im Wesentlichen auf zwei Gründe zurückzuführen: Zum einen hat eine starke Popularisierung der Inhalte der Positiven Psychologie stattgefunden, was auf das hohe Interesse der behandelten Themen Glück und subjektives Wohlbefinden in der breiten Öffentlichkeit zurückzuführen ist. Dies hat unweigerlich auch zu einer Trivialisierung der Ergebnisse im öffentlichen Diskurs geführt, was in der Wissenschaft und Öffentlichkeit, wenn sie die vielfältigen empirischen Befunde der Positiven Psychologie nicht zur Kenntnis genommen haben, wiederum den Eindruck der Oberflächlichkeit erzeugt. Doch bei einer detaillierten Auswertung der Forschungsliteratur zur Positiven Psychologie wird offensichtlich, dass diese eigenen Anspruch an wissenschaftlicher Fundierung durchaus in die Tat umsetzt.

Dies wird von Seiten der anwendungsorientierten und sozialwissenschaftlich orientierten Psychologie so auch anerkannt, die jedoch der Positiven Psychologie wiederum eine mangelnde wissenschaftliche Innovativität vorwerfen könnte. Hiernach sind die empirisch wirklich belastbaren Erkenntnisse der Positiven Psychologie bereits in anderen psychologischen Ansätzen und Theorien ausreichend beschrieben worden. Dieses Argument betrifft allerdings eher Abgrenzungs- und Definitionsansprüche innerhalb der akademischen Disziplin der Psychologie als den hier unternommenen Versuch, psychische Ressourcen für nachhaltige Lebensstile zu identifizieren. Durch die kombinierte Betrachtung der Erkenntnisse aus der Positiven Psychologie und der ressourcenorientierten Beratung wird im vorliegenden Ansatz sichergestellt, dass sowohl ältere als auch die aktuellen Theorien zur Ressourcenaktivierung berücksichtigt sind.

Ebenso kann im Sinne des hier entwickelten Ansatzes argumentiert werden, dass die sechs identifizierten psychischen Ressourcen für nachhaltige Lebensstile nicht genuin aus dem Bereich der Positiven Psychologie stammen. So sind alle sechs identifizierten psychischen Ressourcen bereits vor der Proklamierung einer Positiven Psychologie in unterschiedlichen theoretischen Ansätzen der Psychologie herausgearbeitet worden. Gemeinsam ist ihnen nur, dass sie zum subjektiven Wohlbefinden des Menschen beitragen und daher von der Positiven Psychologie verständlicherweise als theoretisch relevante Wirk- und Zielgrößen aufgegriffen werden. Die spezifischen und als wirksam evaluierten Interventionen der Positiven Psychologie dienen hingegen vor allem der Aktivierung von individuellen Stärken und beziehen sich auf Dankbarkeits- und Vergebungsrituale (Seligman, Steen, Park & Peterson, 2005; Sheldon & Lyubomirsky, 2006). Diese sind jedoch für das Programm eines kulturellen Wandels in Richtung auf nachhaltige Lebensstile als nicht hinreichend verhaltensrelevant anzusehen.

Ein zweiter Einwand gegen die Wissenschaftlichkeit der Positiven Psychologie richtet sich gegen das hier vertretene humanistisches Menschenbild. Da das humanistische Menschenbild normative Annahmen beinhaltet, die nicht empirisch überprüfbar sind, ist die Positive Psychologie im naturwissenschaftlichen Sinne nicht als wertneutral anzusehen. Für das hier angedachte Programm eines kulturellen Wandels in die Richtung nachhaltiger Lebensstile ist das jedoch eher als Vorteil und nicht als Nachteil zu werten. Schließlich ist ein kultureller Wandel mit dem Ziel einer nachhaltigen Entwicklung ebenfalls nicht empirisch begründbar, sondern resultiert letztlich aus dem normativen Anspruch einer intragenerativen und intergenerationellen Gerechtigkeit. Durch die hier vertretene ressourcenorientierte Perspektive wird das Leitbild der nachhaltigen Entwicklung mit einem humanistischen Menschbild verknüpft. So gibt es zwar keinen letzten zwingenden Grund die Annahmen des humanistischen Menschbildes zu teilen, doch die ressourcenorientierte Perspektive macht ihre Menschenbildannahmen immerhin transparent. Dadurch wird die Möglichkeit geschaffen, sich mit diesen Annahmen kritisch auseinanderzusetzen und bei besseren Argumenten ein alternatives Menschbild als normative Grundlage zu wählen.

Als kritischer sind jedoch Werthaltungen innerhalb der Positiven Psychologie zu bewerten, die nicht reflektiert werden und damit implizit bleiben. Durch die starke Betonung des eigenen Einflusses auf die individuelle Lebensführung wird vor allem in den populärwissenschaftlichen Veröffentlichungen der Positiven Psychologie (Seligman, 2002, 2012; Lybubomirsky, 2008; Fredrickson, 2011) eine westliche und vor allem US-amerikanisch geprägte Weltsicht des liberalen Individualismus transportiert. Diese positive Voreingenommenheit gegenüber individualistischen Werten wird in der Positiven Psychologie nur in Ausnahmefällen reflektiert, zum Beispiel bei Joseph und Linley (2011, S. 187). Im Programm der Initiierung eines kulturellen Wandels in Richtung nachhaltiger Lebensstile muss diese Voreingenommenheit dadurch korrigiert werden, dass neben Aspekten des individuellen Verhaltens und Erlebens, vor allem auch der Einfluss und die Gestaltungsmöglichkeiten der politischen und ökonomischen Verhältnisse mit bedacht werden. Immerhin hat die Positive Psychologie die philanthropische Gestaltung von Institutionen und des Gemeinwesens explizit zu ihren eigenen Zielen erklärt. Dies sichert ihr nicht zuletzt auch eine gute interdisziplinäre Anschlussfähigkeit an die Sozialwissenschaften.

## Das rechte Maß an Glück und Zufriedenheit

Ein weiterer vor allem in der öffentlichen Diskussion anzutreffender Einwand gegen die Positive Psychologie hinterfragt die dort vorgenommene Fokussierung auf die Steigerung des individuellen Glücksempfindens. Hierdurch baut sich leicht ein normativer Erwartungsdruck für den Einzelnen auf, sich glücklich fühlen zu müssen. Falls einem dies nicht gelingt, kann man leicht von anderen als Versager im individuellen Lebensprojekt angesehen werden. Dieser »Zwang zum Glück« lässt dem Einzelnen nur die Möglichkeit, sich entweder als Opfer der eigenen Unfähigkeit zum Glück zu begreifen oder immer weitere Anstrengungen zu unternehmen, um doch noch den Olymp des Glücks erreichen zu können. Weiter gedacht könnte diese Überhöhung des individuellen Glücksempfindens die Gefahr nach sich ziehen, dass sich der Einzelne nicht mehr mit den Ergebnissen mentaler Glückserweiterungen begnügt, sondern das eigene Glücksempfinden versucht durch pharmakologische Dopingmaßnahmen zu erhöhen. Es besteht kein Zweifel daran, dass die pharmazeutische Industrie diese Dopingversuche tatkräftig auf legale Weise unterstützen wird.

Dabei ist eigentlich längst klar, dass ein einseitiges Streben nach immerwährendem Glück ein Irrweg ist und dass die wahre Lebenskunst darin besteht, »Dinge gelegentlich positiv zu sehen und sich dennoch negative Dinge vorbehaltlos klarzumachen« (Schmidt, 2012, S. 45). Auch Vertreter der Positiven Psychologie betonen sehr wohl, dass es ein Zuviel an Glück geben kann (Diener & Biswas Diener, 2008 S. 209 ff.). Hiernach erfordern Veränderungen und Weiterentwicklungen in allen Bereichen des Lebens ebenso Gefühle der Unzufriedenheit, Skepsis und Frustration. Menschen sind als biologische Lebenswesen nicht darauf angelegt, permanent in physiologischen Erregungszuständen höchster Glückseligkeit zu verharren. Glück ist immer auch ein Kontrastphänomen, das neben der Kultivierung des Positiven auch den Gegenpool negativer Emotionen erfordert. Die Genuss-Ziel-Sinn-Theorie des subjektiven Wohlbefindens kann dem Einzelnen als Navigator dienen, die Bereiche zu identifizieren, in denen er seine positiven Emotionen am ehesten kultivieren kann. Die große Lebenskunst besteht dann darin, positive und negative Emotionen den eigenen Bedürfnissen entsprechend auszubalancieren. Auf einer Skala von 1 bis 10 zur Bewertung des eigenen Wohlbefindens scheint der Wert 8 eine gute Basis für ein glückliches und erfolgreiches Leben zu liefern (Diener & Biswas Diener, 2008, S. 214 f.). Entsprechend der Genuss-Ziel-Sinn-Theorie des subjektiven Wohlbefindens ist ein Zustand schwer vorstellbar, in dem ein Mensch permanenten Genuss erfährt, alle seine Ziele erreicht und einen endgültigen Sinn für sich gefunden hat. Dieser Status quo eines «Wunschlos-glücklich-seins» scheint empirisch nur über eine begrenzte Dauer realisierbar zu sein.

So können weder die Positive Psychologie noch andersartig ausgerichtete Lebenskünste das Glück erzwingen. Glück ist vielmehr als erfreuliches Nebenprodukt eines tugendhaften Lebens anzusehen. Sehr wohl fördern lässt sich hingegen eine achtsame Haltung, die an sich ziellos ist und damit der geforderten Grundhaltung für ein glückliches Leben ziemlich genau entspricht. Ob dieses glückliche Leben dann jedoch im Einzelfall zur Realität wird, hängt neben der achtsamen Grundhaltung auch noch von anderen psychologischen Ressourcen im Individuum und von schwierig zu kontrollierenden situativen Umweltfaktoren ab. Müssen wir uns also auch in Zukunft in Anthropotechniken üben, die uns versprechen bessere Menschen zu werden (Sloterdijk, 2009)? Aus meiner persönlichen Perspektive kann die Antwort auf die Frage nur lauten: Ein kultureller Wandel in Richtung auf nachhaltige Lebensstile wird diese teilweise akrobatischen Bemühungen weiterhin erforderlich machen.

# Literaturverzeichnis

Ajzen, I. (1991). The Theory of Planned Behavior. Some unresolved issues. Organizational Behavior and Human Decision Processes, 50, 179–211.
Aknin, L.B., Norton, M.I. & Dunn, E.W. (2009). From wealth to well-being? Money matters, but less than people think. The Journal of Positive Psychology, 4, 6, 523–527.
Antonovsky, A. (1979). Health, stress, and coping. New perspectives on mental and physical well-being. San Francisco: Jossey-Bass.
Antonovsky, A. (1987). Unraveling the mystery of health: how people manage stress and stay well. San Francisco: Jossey-Bass.
Arbeitsgruppe Zufriedenheit (2010). Zufrieden trotz sinkenden materiellen Wohlstands. Memorandum. Amerang: Ernst Freiberger Stiftung.
Axelrod R. & Hamilton W. D. (1981). The Evolution of Cooperation. Science, 211, 4489, 1390–1396.
Bachem, A. (2010). Geheimnisse des Glücks: Von der Kraft der Selbstwirksamkeit. Marburg: Tectum.
Baer, R. A. (2003). Mindfulness training as a clinical intervention: A conceptual and empirical review. Clinical Psychology: Science and Practice, 10, 2, 125–143.
Baer, R. A., Lykins E. L. B. & Peters J. R. (2012). Mindfulness and self-compassion as predictors of psychological wellbeing in long-term meditators and matched nonmeditators. The Journal of Positive Psychology, 7, 3, 230–238.
Bandura, A. (1991). Social cognitive theory of self-regulation. Organizational Behavior and Human Decision Processes, 50, 248–287.
Bandura, A. (1997). Self-efficacy: The exercise of control. New York: Freeman.
Bandura, A. (2000). Exercise of human agency through collective efficacy. Current Directions in Psychological Science, 9, 3, 75–78.
Becker, E., Jahn, T. & Schramm, E. (2000). Sozial-ökologische Forschung. Rahmenkonzept für einen neuen Förderschwerpunkt. Gutachten im Auftrag des BMBF. Frankfurt: Institut für sozial-ökologische Forschung.
Bierhoff, H. W. (2008). Solidarität. In A. E. Auhagen (Hrsg.), Positive Psychologie (2. Aufl.) (S. 183–202). Weinheim: Beltz.
Bierhoff, H. W. & Fetchenhauer, D. (2001). Solidarität: Theorien und Probleme. In H. W. Bierhoff & D. Fetchenhauer (Hrsg.), Solidarität – Konflikt, Umwelt und Dritte Welt (S. 9–19). Opladen: Leske + Budrich.
Biswas-Diener, R. (2008). Material wealth and subjective well-being. In M. Eid & R. Larsen (Eds.), The science of subjective well-being (pp. 307–322). New York: Guilford Press.

Biswas-Diener, R. (2010). Practicing Positive Psychology Coaching: Assessment, Diagnosis, and Intervention. New York: John Wiley & Sons.
Biswas-Diener, R. & Patterson, L. (2011). An experiential approach to teaching positive psychology to undergraduates. The Journal of Positive Psychology, 6, 6, 477–481.
Brenner, H. (2011). Meditation. Die wichtigsten Ziele, Methoden und Übungen. Östliche und westliche Meditationstechniken in Theorie und Praxis. Lengerich: Pabst.
Brown, K. W. & Kasser, T. (2005). Are psychological and ecological well-being compatible. The role of values, mindfulness, and lifestyle. Social Indicators Research, 74, 349–368.
Brown, K. W., Kasser, T., Ryan, R. M., Linley, A. L. & Orzech, K. (2009). When what one has is enough: Mindfulness, financial desire discrepancy, and subjective well-being. Journal of Research in Personality, 43, 5, 727–736.
Brunwasser, S. M., Gillham, J. E. & Kim, E. S. (2009). A meta-analytic review of the Penn Resiliency Program's effect on depressive symptoms. Journal Consulting and Clinical Psychology, 77, 6, 1042–1054.
Bucher, A. (2007). Psychologie der Spiritualität. Weinheim: Beltz.
Bucher, A. (2009). Psychologie des Glücks. Weinheim: Beltz.
Buitenkamp, M., Venner, H. & Warns, T. (1992). Sustainable Netherlands. Amsterdam: Vereiniging Milieudefensie.
BUND & Miserior (Hrsg.) (1996). Zukunftsfähiges Deutschland. Ein Beitrag zu einer global nachhaltigen Entwicklung. Studie des Wuppertal Institut für Klima, Umwelt, Energie. Basel: Birkhäuser.
BUND, Brot für die Welt & Evangelischer Entwicklungsdienst (Hrsg.) (2008). Zukunftsfähiges Deutschland in einer globalisierten Welt. Ein Anstoß zur gesellschaftlichen Debatte. Eine Studie des Wuppertal Institut für Klima, Umwelt, Energie. Frankfurt: Fischer.
Byrant, F. & Vernon, J. (2007). Savoring. A new model of positive experience. Mahwah, NJ: Lawrence Erlbaum.
Centre for Bhutan Studies (o.J.). Gross National Happiness Index Explained in Detail. URL: http://www.grossnationalhappiness.com/docs/GNH/PDFs/Sabina_Alkire_method.pdf.
Csikszentmihalyi, M. (1975). Beyond Boredom and Anxiety: Experiencing Flow in Work and Play. San Francisco: Jossey-Bass.
Delhey, J. & Kroll, C. (2012). A Happiness Test for the New Measures of National Well-Being: How Much Better than GDP are they? Discussion Paper SP I 2012-201. Berlin: Wissenschaftszentrum für Sozialforschung.
Diener, E. (1984). Subjective well-being. Psychological Bulletin, 95, 542–575.
Diener, E. (2008). Myths in the science of happiness and directions for future research. In M. Eid & R. Larsen (Eds.), The science of subjective well-being (pp. 493–514). New York: Guilford Press.
Diener, E. (2009). Assessing well-being. The collected works of Ed Diener. New York: Springer.
Diener, E. & Biswas-Diener, R. (2008). Happiness: Unlocking the mysteries of psychological wealth. Malden, MA: Blackwell Publishing.
Diener, E., Suh, M., Lucas, E. & Smith, H. (1999). Subjective well-being: Three decades of progress. Psychological Bulletin, 125, 2, 276–302.

Dietz, T., Stern, P. C. & Guagnano, G. A. (1998). Social structural and social psychological bases of environmental concern. Environment and Behavior, 30, 4, 450–471.
Donaldson, S. I., & Ko, I. (2010). Positive organizational psychology, behavior, and scholarship: A review of the emerging literature and evidence base. Journal of Positive Psychology, 5, 3, 171–199.
Donaldson, S. I., Csikszentmihalyi, M. & Nakamura, J. (Eds.) (2011). Applied positive psychology: improving everyday life, health, schools, work, and society. New York: Routledge.
Döring-Seipel, E. (2008). Emotion und Umwelt. In E. D. Lantemann & V. Linneweber (Hrsg.), Enzyklopädie der Psychologie, Umweltpsychologie, Band 1 (S. 533–565). Göttingen: Hogrefe.
Dörner, D. (1996). Vom Umgang mit Unbestimmtheit und Komplexität und der Gebrauch von Computersimulationen. In A. Dieckmann & C. Jäger (Hrsg.), Umweltsoziologie. Kölner Zeitschrift für Soziologie und Sozialpsychologie, Sonderheft 36 (S. 489–525). Opladen: Westdeutscher Verlag.
Dunn, W. E., Gilbert, D. T. & Wilson, T. D. (2011). If money doesn't make you happy, then you probably aren't spending it right. Journal of Consumer Psychology, 21, 115–125.
Easterlin, R. A. (1974). Does Economic Growth Improve the Human Lot? In P. A. David & M. W. Reder (Hrsg.), Nations and Households in Economic Growth: Essays in Honor of Moses Abramovitz (pp. 89–125). New York: Academic Press.
Easterlin, R. A., McVey, L. A., Switek, M., Sawangfa, O. & Smith Zweig, J. (2010). The happiness–income paradox revisited. Proceedings of the National Academy of Sciences of the United States. URL: http://www.pnas.org/content/early/2010/12/08/1015962107.full.pdf+html.
Engelmann, F. & Halkow, A. (2008) Der Setting Ansatz in der Gesundheitsförderung. Genealogie, Konzeption, Praxis, Evidenzbasierung. Berlin: Wissenschaftszentrum für Sozialforschung.
Ernst, A. (1997). Ökologisch-soziale Dilemmata. Weinheim: Psychologie Verlags Union.
Frank, R. (Hrsg.) (2007). Therapieziel Wohlbefinden. Ressourcen aktivieren in der Psychotherapie. Berlin: Springer.
Frank, R. (2008). Glück: Lebe deine Stärken. In 7 Tagen besser leben. Düsseldorf: Patmos.
Frank, R. (2010). Wohlbefinden fördern: Positive Therapie in der Praxis. Stuttgart: Klett-Cotta.
Frankl, V. (1982). Der Wille zum Sinn (3. Aufl.). Bern: Huber.
Frankl, V. (2006). Der Mensch vor der Frage nach dem Sinn. Eine Auswahl aus dem Gesamtwerk (19. Aufl.). München: Piper.
Fredrickson, B. L. (2011). Die Macht der guten Gefühle: Wie eine positive Haltung ihr Leben dauerhaft verändert. Frankfurt: Campus.
Frey, B. S. & Stutzer, A. (2000). Happiness, Economy and Institutions. Economic Journal, 110, 446, 918–938.
Frey, B. S. & Frey-Marti, C. (2010). Glück: Die Sicht der Ökonomie. Zürich: Rüegger.
Fromm, E., de Martino, R., Suzuki, D. T. & Steipe, M. (1972). Zen-Buddhismus und Psychoanalyse. Frankfurt: Suhrkamp.
Gallup Healthway (2009). Gallup-Healthways Well-Being Index: Methodology Report for Indexes. Gallup, Inc. URL: http://well-beingindex.com/files/Gallup-Healthways%20Index%20Methodology%20Report%20FINAL%203-25-08.pdf.

Gard, T., Brach, N., Hölzel, B., Noggle, J., Conboy, L. & Lazar, S. (2012). Effects of a yoga-based intervention for young adults on quality of life and perceived stress: The potential mediating roles of mindfulness and self-compassion. The Journal of Positive Psychology, 7, 3, 165–175.

Grawe, K. (1998). Psychologische Therapie. Göttingen: Hogrefe.

Greif, S. (2008). Coaching und ergebnisorientierte Selbstreflexion. Göttingen: Hogrefe.

Grossman, P., Niemann, L., Schmidt, S. & Walach, H. (2004). Mindfulness-based stress reduction and health benefits: A meta-analysis. Journal of Psychosomatic Research, 57, 1, 35–43.

Hahn, R. (2012). ISO 26000 and the Standardization of Strategic Management Processes for Sustainability and Corporate Social Responsibility (June 27, 2012). Business Strategy and the Environment. URL: http://onlinelibrary.wiley.com/doi/10.1002/bse.1751/abstract.

Haidt, J. (2006). The happiness hypothesis. London: Arrow books.

Hanss, D. & Böhm, G. (2010). Can I make a difference? The Role of general and domain-specific self-efficacy in sustainable consumption decisions. Umweltpsychologie 14, 2, 46–74.

Hayn, D., Eberle, U., Stieß, I. & Hünecke, K. (2006). Ernährung im Alltag. In U. Eberle, D. Hayn, R. Rehaag & U. Simshäuser (Hrsg.), Ernährungswende (S. 73–84). München: oekom.

Heidenreich, T. & Michalak, J. (2008). Achtsamkeit. In J. Margraf & S. Schneider (Hrsg.), Lehrbuch Verhaltenstherapie (3. Aufl.). Band 1: Grundlagen, Diagnostik, Verfahren, Rahmenbedingungen (S. 569–578). Heidelberg: Springer.

Heidenreich, T., Junghanns-Royack, K. & Michalak, J. (2007). Mindfulness-based therapy: Achtsamkeit vermitteln. In R. Frank (Hrsg.), Therapieziel Wohlbefinden. Ressourcen aktiveren in der Psychotherapie (S. 69–80). Heidelberg: Springer.

Herriger, N. (2006). Empowerment in der Sozialen Arbeit (3. Aufl.). Stuttgart: Kohlhammer.

Hofmann, S., Sawyer, A. T., Witt, A. & Oh, D. (2010). The Effect of Mindfulness-Based Therapy on Anxiety and Depression: A Meta-Analytic Review. Journal of Consulting and Clinical Psychology, 78, 2, 169–183.

Hosang, M. (2007). Tiefenkulturelle Widerstände und Chancen: Warum braucht Nachhaltigkeit Gefühls- und Glücksforschung. GAIA, 16, 3, 181–186.

Hosang, M., Fränzle, S. & Markert, B. (2005). Die emotionale Matrix: Grundlagen für gesellschaftlichen Wandel und nachhaltige Innovation. München: oekom.

Huebner, E. S., Gillmann, R., Reschly A. L. & Hall, R. (2009). Positive schools. In S. J. Lopez & C.R. Snyder (Eds.), The Oxford Handbook of Positive Psychology (pp. 561–569). Oxford: University Press.

Hunecke, M. (2000). Verantwortung, Lebensstile und Umweltverhalten. Heidelberg: Asanger.

Hunecke, M. (2002). Lebensstile und sozialpsychologische Handlungstheorien: Perspektiven einer theoretischen Integration im Bereich des umweltbezogenen Handelns. In D. Rink (Hrsg.), Nachhaltige Lebensstile: Zum Zusammenhang von Lebensstilen und ökologischem Handeln (S. 75–92). Opladen: Leske + Budrich.

Hunecke, M. (2003). Umweltpsychologie und Sozial-Ökologie: Impulse für ein transdisziplinäres Forschungsprogramm. Umweltpsychologie, 7, 2, 10–31.

Hunecke, M. & Ziesenitz, A. (2011). ManagerInnen mit grünem Herzen: Zusammenhänge zwischen Werten, personaler Norm, Copingstilen, Geschlechtsrollenorientierungen und dem Engagement in Umweltorganisationen sowie im privaten Umweltverhalten von UmweltaktivistInnen. Umweltpsychologie, 15, 2, 52–76.

Inglehart, R. (1977). The Silent Revolution: Changing Values and Political Styles among Western Publics. Princeton: University Press.

Institut für Sozialforschung und Gesellschaftspolitik (2011). Studie zur Wahrnehmung und Berücksichtigung von Wachstums- und Wohlstandsindikatoren. Berlin: Enquete-Kommission Wachstum, Wohlstand, Lebensqualität des deutschen Bundestages.

Ittner, H. (2002). Verkehrspolitische Engagements und Mobilitätsentscheidungen: Eine Frage von Moral, eigenem Nutzen oder Lebensstilen. Trier: Universitätsbibliothek Trier.

Jackson, T. (2009). Wohlstand ohne Wachstum: Leben und Wirtschaften in einer endlichen Welt. München: oekom.

Jahn, T. (2003). Sozial-ökologische Forschung. Ein neuer Forschungstyp in der Nachhaltigkeitsforschung. In G. Linne & M. Schwarz (Hrsg.), Handbuch Nachhaltige Entwicklung. Wie ist nachhaltiges Wirtschaften machbar (S. 545–555). Opladen: Leske + Budrich.

Jose P. E., Lim B. T. & Bryant F. B. (2012). Does savoring increase happiness? A daily diary study. The Journal of Positive Psychology, 7, 3, 176–187.

Joseph, S. & Linley, P. A. (2011). Positive Therapie: Grundlagen und psychologische Praxis. Stuttgart: Klett-Cotta.

Kabat-Zinn, J. (1990). Full catastrophe living: The program of the Stress Reduction Clinic at the University of Massachusetts Medical Center. New York, NY: Delta.

Kabat-Zinn, J. (2003). Mindfulness-based interventions in context: Past, present, and future. Clinical Psychology: Science and Practice, 10, 2, 144–156.

Kahnemann, D. (2012). Schnelles Denken, langsames Denken. Berlin: Siedler.

Kaimer, P. (2008). Narrative Ansätze: Nützliche Geschichten als Quelle für Hoffnung und Kraft. In R. Frank (Hrsg.), Therapieziel Wohlbefinden. Ressourcen aktiveren in der Psychotherapie (S. 93–110). Heidelberg: Springer.

Kaluza, G. (2011a). Salute! Was die Seele stark macht: Programm zur Förderung psychosozialer Gesundheitsressourcen. Stuttgart: Klett-Cotta.

Kaluza, G. (2011b). Stressbewältigung: Trainingsmanual zur psychologischen Gesundheitsförderung (2. Aufl.). Heidelberg: Springer.

Kanitscheider, B. (2008). Entzauberte Welt: Über den Sinn des Lebens in uns selbst. Eine Streitschrift. Stuttgart: Hirzel.

Kasser, T. (2002). The High Price of Materialism. Cambridge, Massachusetts: MIT Press.

Kaufmann-Hayoz R., Bättig Ch., Bruppacher S., Defila R., Di Giulio A., Ulli-Beer S., Friederich U., Garbely M., Gutscher H., Jäggi Ch., Jegen M., Müller A., North N. (2001). A typology of tools for building sustainability strategies. In R. Kaufmann-Hayoz & H. Gutscher (Eds.), Changing things – moving people. Strategies for promoting sustainable development at the local level. Themenheft des Schwerpunktprogramms Umwelt. (pp. 33–107). Basel: Birkhäuser.

King, L. A. & Hicks, J. A. (2009). Detecting and constructing meaning in life events, The Journal of Positive Psychology, 4, 5, 317–330.

King, L. A., Hicks, J. A., Krull, J. & Del Gaiso, A. (2006). Positive affect and the experience of meaning in life. Journal of Personality and Social Psychology, 90, 1, 179–196.

Klages, H. (1984). Wertorientierungen im Wandel. Rückblick, Gegenwartsanalyse, Prognosen, Frankfurt: Campus Verlag.

Kliem, S., Kröger, C., & Kosfelder, J. (2010). Dialectical behavior therapy for borderline personality: A meta-analysis using mixed-effects modeling. Journal of Consulting and Clinical Psychology, 78, 6, 936–951.

Koppenhöfer, E. (2004). Kleine Schule des Genießens. Ein verhaltenstherapeutisch orientierter Behandlungsansatz zum Aufbau positiven Erlebens und Handelns (5. Aufl.). Lengerich: Pabst.

Koppenhöfer, E. (2007). Sinnlich Lebendigkeit erfahren: Wohlbefinden durch Sinnesgenüsse erleben. In R. Frank (Hrsg.), Therapieziel Wohlbefinden. Ressourcen aktiveren in der Psychotherapie (S. 145–157). Heidelberg: Springer.

Kruse, L. (1995). Globale Umweltveränderungen: Eine Herausforderung für die Psychologie. Psychologische Rundschau, 46, 81–92.

Layard, R., (2009). Die glückliche Gesellschaft: Kurswechsel für Politik und Wirtschaft (2.Aufl.). Frankfurt. Main: Campus.

Lenz, A. (2004). Beratung in sozialen Kontexten. In F. Nestmann, F. Engel & U. Sieckendick (Hrsg.), Das Handbuch der Beratung (S. 435–448). Tübingen: dgvt.

Lenz A. (2011). Empowerment. Handbuch für die ressourcenorientierte Praxis. Tübingen: dgvt.

Linehan, M. (1996). Dialektisch-Behaviorale Therapie der Borderline-Persönlichkeitsstörung. München: CIP-Medien.

Linley, A. C., Joseph, S., Harrington, S. & Wood, A. M. (2006). Positive psychology: Past, present, and (possible) future. Journal of Positive Psychology, 1, 3–16.

Linz, M. (2012). Weder Mangel noch Übermaß. Warum Suffizienz unentbehrlich ist. München: oekom.

Lopez, S. J. & Snyder, C. R. (Eds.) (2003). Positive Psychological Assessment: A Handbook of Models and Measures. Washington, DC: American Psychological Association.

Lopez, S. J. & Snyder, C. R. (Eds.) (2009). The Oxford Handbook of Positive Psychology. Oxford: University Press.

Lopez, S. J. & Calderon, V. J. (2011). Gallup Student Poll: Measuring and Promoting. What is right with Students. In S. I. Donaldson, M. Csikszentmihalyi & J. Nakamura (Eds.), Applied Positive Psychology: Improving Everyday Life, Health, Schools, Work, and Society (pp. 117–135). London: Routledge.

Loth, W. (2003). Ein Blick auf: »Positive Psychologie«. Systhema, 17, 3, 264–276.

Lucas, R. (2005). Time does not heal all wounds. A longitudinal study of reaction and adaptation to divorce. Psychological Science, 16, 12, 945–950.

Lucas, R., Clark, A., Georgellis, Y. & Diener, E. (2004). Unemployment alters the set point for life satisfaction. Psychological Science, 15, 1, 8–13.

Luhmann, M., Hofmann, W., Eid, M. & Lucas, R. E. (2012). Subjective Well-Being and Adaptation to Life Events: A Meta-Analysis. Journal of Personality and Social Psychology, 102, 3, 592–615.

Luthans, F. & Youssef, C. M. (2009). Positive workplaces. In S. J. Lopez & C.R. Snyder (Eds.), The Oxford Handbook of Positive Psychology (579–589). Oxford: University Press.

Lykken, D. & Tellegen, A. (1996). Happiness is a stochastic phenomenon. Psychological Science, 7, 3, 186–189.

Lyubomirsky, S. (2008). Glücklich sein: Warum Sie es in der Hand haben, zufrieden zu leben. Frankfurt: Campus.

Lyubomirsky, S., Sheldon, K. M. & Schkade, D. (2005). Pursuing Happiness: The Architecture of Sustainable Change. Review of General Psychology, 9, 2, 111–131.

Magyar-Moe, J.L. (2011). Incorporating positive psychology content and applications into various psychology courses. The Journal of Positive Psychology, 6, 6, 451–456.

Maslow, A. (1954). Motivation and personality. New York: Harper.

Mayring, P. (2003). Gesundheit und Wohlbefinden. In M. Jerusalem & H. Weber (Hrsg.), Psychologische Gesundheitsförderung. Diagnostik und Prävention (S. 1–15). Göttingen: Hogrefe.

McGovern, T. V. (2011). Virtues and character strengths for sustainable faculty development. The Journal of Positive Psychology, 6, 6, 446–450.

McKay, M. & Fanning, P. (2010). Selbstachtung. Das Herz einer gesunden Persönlichkeit. Kognitive Techniken für die Beurteilung, Verbesserung und Erhaltung ihres Selbstwertgefühles. Paderborn: Junfermann.

McKenzie-Mohr, D. & Smith, W. (1999). Fostering sustainable behavior: An introduction to community-based social marketing (2nd ed.). Gabriola Island, BC: New Society.

Michalak, J. & Heidenreich, T. (2008). Achtsamkeit. In A. E. Auhagen (Hrsg.), Positive Psychologie (S. 65–76). Weinheim: Beltz.

Miegel, M. (2011). Exit: Wohlstand ohne Wachstum. Berlin: List.

Miller, W. R. und Rollnick, S. (2002). Motivational Interviewing. Preparing people for change (2. Aufl.). New York: The Guilford Press.

Mosler, H. J. & Tobias, R. (2007). Umweltpsychologische Interventionsformen neu gedacht. Umweltpsychologie, 11, 1, 35–54.

Nes, R. B., Czajkowski, N., Roysamb, E., Reichborn-Kjennerud, T. & Tambs, K. (2008). Well-being and ill-being: shared environments, shared genes. The Journal of Positive Psychology, 3, 4, 253–265.

Nestmann, F. (1996). Psychosoziale Beratung. Ein ressourcentheoretischer Entwurf. Verhaltenstherapie und psychosoziale Praxis, 5, 359–376.

Nietzsche, F. (1984). Götzen-Dämmerung oder Wie man mit dem Hammer philosophiert (9. Aufl.). Berlin: Insel.

Oades, L. G., Robinson, P., Green, S. & Spence, G. B. (2011). Towards a positive university. The Journal of Positive Psychology, 6, 6, 432–439.

OECD (2013). OECD Guidelines on measuring subjective well-being. OECD Publishing. URL: http://dx.doi.org/10.1787/9789264191655-en.

OECD (2011). OECD better life initiative. Compendium of OECD well-being indicators. Organization of Economic Co-Operation and Development. URL: http://www.oecd.org/std/47917288.pdf

Paech, N. (2012). Befreiung vom Überfluss. Auf dem Weg in die Postwachstumsökonomie. München: oekom.

Peterson, C. & Seligman, M. E. P. (2004). Character strengths and virtues: A handbook and classification. Washington, DC: APA Press and Oxford University Press.

Peterson, C., Park, N. & Seligman, M. E. P. (2005). Orientations to happiness and life satisfaction: The full life versus the empty life, Journal of Happiness Studies, 6, 1, 25–41.

Potreck-Rose, F. (2007). Selbstakzeptanz fördern. In R. Frank (Hrsg.), Therapieziel Wohlbefinden. Ressourcen aktivieren in der Psychotherapie (S. 179–188). Heidelberg: Springer.

Potreck-Rose, F. & Jacob, G. (2010). Selbstzuwendung, Selbstakzeptanz, Selbstvertrauen. Psychotherapeutische Interventionen zum Aufbau von Selbstwertgefühl (6. Aufl.). Stuttgart: Klett-Cotta.

Prochaska, J. O. & DiClemente, C. C. (1983). Stages and processes of self-change of smoking: Toward an integrative model of change. Journal of Consulting and Clinical Psychology, 51, 3, 390–395.

Raffelhüschen, B. & Schöppner, K. P. (2012). Deutsche Post Glücksatlas. München: Knaus.

Reusswig, F. (1994). Lebensstile und Ökologie. Gesellschaftliche Pluralisierung und alltagsökologische Entwicklung unter besonderer Berücksichtigung des Energiebereichs. Frankfurt: Verlag für Interkulturelle Kommunikation.

Rogers, C. R. (1969). Freedom to learn: A view of what education might become. Columbus, Ohio: Merrill.

Rogers, C. R. (1975). A protection motivation theory of fear appeals and attitude change. Journal of Psychology, 91, 93–114.

Rogers, E. M. (2003). Diffusion of Innovations (5th ed.). New York: Free Press.

Roszak, T. (1994). Ökopsychologie. Der entwurzelte Mensch und der Ruf der Erde. Stuttgart: Kreuz.

Ruckriegel, K. (2012). Happiness – »Das« Zukunftspotenzial für deutsche Unternehmen. Politische Studien, 1, 40–55.

Sachs, W. (1993). Die vier E's: Merkposten für einen maßvollen Wirtschaftsstil. Politische Ökologie, 33, 69–72.

Schimmack, U. (2008). The structure of well-being. In M. Eid & R. Larsen (Eds.), The science of subjective well-being (pp. 97–123). New York: Guilford Press.

Schmid, W. (1998). Philosophie der Lebenskunst – Eine Grundlegung. Frankfurt: Suhrkamp.

Schmid, W. (2012). Unglücklich sein: Eine Ermutigung. Berlin: Insel.

Schmuck, P. & Schultz, W. (Eds.) (2002). Psychology of sustainable development. Boston: Kluwer Academic Publishers.

Schnell, T. (2009). The Sources of Meaning and Meaning in Life Questionnaire (SoMe): Relations to demographics and well-being, The Journal of Positive Psychology, 4, 6, 483–499.

Schreiner, L. A., Hulme, E., Hetzel, R. & Lopez S. J., (2009). Positive psychology on campus. In S. J. Lopez & C. R. Snyder (Eds.), The Oxford Handbook of Positive Psychology (pp. 569–579). Oxford: University Press.

Schubert, F. E. (2008). Schulfach Glück. Wie ein neues Fach die Schule verändert (2. Aufl.). Freiburg: Herder.

Schueller, S. M. & Seligman, M. E. P. (2010). Pursuit of pleasure, engagement, and meaning: Relationships to subjective and objective measures of well-being, The Journal of Positive Psychology, 5, 4, 253–263.

Schulze, G. (1995). Erlebnisgesellschaft – Kultursoziologie der Gegenwart (5. Aufl.). Frankfurt: Campus.

Schuster, K. (2003). Lebensstil und Akzeptanz von Naturschutz. Heidelberg: Asanger.

Schütz, A. (2000). Psychologie des Selbstwertgefühls. Von Selbstakzeptanz bis Arroganz (2. Aufl.). Stuttgart: W. Kohlhammer.

Schütz, A. & Sellin, I. (2006). MSWS - Multidimensionale Selbstwertskala (PSYNDEX Tests Review). Göttingen: Hogrefe.

Schwartz, S. H. (1977). Normative influences on altruism. In L. Berkowitz (Eds.), Advances in experimental social psychology (S. 221–279). New York: Academic Press.

Schwarzer, R. (2004). Psychologie des Gesundheitsverhaltens. Eine Einführung in die Gesundheitspsychologie (3. Aufl.). Göttingen: Hogrefe.

Schwarzer, R. & Fuchs, R. (1996). Self-efficacy and health behaviours. In M. Conner & P. Norman (Eds.), Predicting health behaviour: Research and practice with social cognition models (pp. 163–196). Buckingham: Open University Press.

Schwarzer, R. & Jerusalem, M. (Hrsg.) (1999). Skalen zur Erfassung von Lehrer- und Schülermerkmalen. Dokumentation der psychometrischen Verfahren im Rahmen der Wissenschaftlichen Begleitung des Modellversuchs Selbstwirksame Schulen. Berlin: Freie Universität Berlin.

Segal, Z. V., Williams, J. M. G. & Teasdale, J. D. (2008). Die achtsamkeitsbasierte kognitive Therapie der Depression. Ein neuer Ansatz zur Rückfallprävention, Tübingen: dgvt-Verlag.

Seligman, M. E. P. (2002). Authentic Happiness: Using the New Positive Psychology to Realize Your Potential for Lasting Fulfillment. New York: Free Press.

Seligman, M. E. P. (2012). Flourishing: Wie Menschen aufblühen. München: Kösel.

Seligman, M. E. P. & Csikszentmihalyi, M. (2000). Positive Psychology, American Psychologist, 55, 1, 5–14.

Seligman, M. E. P. & Royzman, E. (2003). Happiness: The Three Traditional Theories. Authentic Happiness Newsletter. URL: http://www.authentichappiness.sas.upenn.edu/newsletter.aspx?id=49.

Seligman, M. E. P., Steen, T., Park, N. & Peterson, C. (2005). Positive psychology progress: Empirical validation of interventions. American Psychologist, 60, 5, 410–421.

Seligman, M. E. P., Ernst R. M., Gillham, J., Reivich K. & Linkins, M. (2009). Positive education: positive psychology and classroom interventions. Oxford Review of Education, 35, 3, 293–311.

Shapiro, S. L. & Carlson, L. E. (2011). Die Kunst und Wissenschaft der Achtsamkeit. Freiburg: Arbor.

Sheldon, K. (2011). Können wir glücklicher werden. Warum es wichtig ist, Aktivitäten zu verändern als Lebensumstände. In E. Bauer & U. Tanzer (Hrsg.), Auf der Suche nach dem Glück (S. 69–92). Darmstadt: Wissenschaftliche Buchgesellschaft.

Sheldon, K. M. & Hoon, T. H. (2006). The multiple determination of well-being: Independent effects of positive traits, needs, goals, selves, social supports, and cultural contexts. Journal of Happiness Studies, 8, 565–592.

Sheldon, K. M. & Lyubomirsky, S. (2006). How to increase and sustain positive emotion: The effects of expressing gratitude and visualising best possible selves. Journal of Positive Psychology, 1, 2, 73–82.

SINUS (2011). Informationen zu den SINUS-Milieus. Heidelberg: SINUS Markt- und Sozialforschung. URL: http://www.sinus-institut.de/uploads/tx_mpdownloadcenter/Informationen_Sinus-Milieus_042011.pdf.

Sirgy, M. J. & Wu, J. (2009). The Pleasant Life, the Engaged Life, and the Meaningful Life: What about the Balanced Life. Journal of Happiness Studies, 10, 183–196.

Sjöberg, L. (2000). Factors in risk perception. Risk Analysis, 20, 1, 1–11.

Sloterdijk, P. (2009). Du musst dein Leben ändern: Über Anthropotechnik. Frankfurt: Suhrkamp.

Snyder, C. R., Lopez, S. J., & Teramoto Pedrotti, J. T. (2011). Positive psychology: The scientific and practical explorations of human strengths. Thousand Oaks, CA: Sage.

Stengel, O. (2011). Suffizienz. Die Konsumgesellschaft in der ökologischen Krise. München: oekom.

Stiglitz, J. E., Sen, A. & Fitoussi, J. P. (2009). Report by the Commission on the Measurement of Economic Performance and Social Progress. URL: http://www.stiglitz-sen-fitoussi.fr/documents/rapport_anglais.pdf.

Storch, M., Cantieni, B., Hüther, G. & Tschacher, W. (2006). Embodiment: Die Wechselwirkung von Körper und Psyche verstehen und nutzen. Bern: Huber.

Tausch, R. (2008). Sinn in unserem Leben. In A. E. Auhagen (Hrsg.), Positive Psychologie (2. Aufl.) (S. 97–113). Weinheim: Beltz.

Ura, K., Alkire, S., Zangmo, T. & Wangdi, K. (2012). A Short Guide to Gross National Happiness Index. Thimphu: The Centre for Bhutan Studies. URL: http://www.beyond-gdp.eu/download/Short-GNH-Index-Summary.pdf.

Veenhoven, R. (2008). Measures of Gross National Happiness. In OECD (Ed.), Statistics, Knowledge and Policy. Measuring and fostering the progress of societies, 6, 231–253.

Warschburger, P. (Hrsg.) (2009). Beratungspsychologie. Berlin: Springer.

Wayment H., Wiist B., Sullivan B. & Warren M. (2011). Doing and Being: Mindfulness, Health, and Quiet Ego Characteristics Among Buddhist Practitioners. Journal of Happiness Studies, 12, 4, 575–589.

Welzer, H. (2013). Selbstdenken. Eine Anleitung zum Widerstand. Frankfurt: Fischer.

Werner, C. M. (1999). Psychological perspectives on sustainability. In E. Becker & T. Jahn (Eds.) Sustainability and the social sciences: A cross-disciplinary approach to integrating environmental considerations into theoretical reorientation (pp. 223–242). London: ZED books.

Werner, E. (1971). The children of Kauai: A longitudinal study from the prenatal period to age ten. Honolulu: University of Hawaii Press.

Wiedemann, P.M. & Mertens, J. (2005). Sozialpsychologische Risikoforschung. Technikfolgenabschätzung – Theorie und Praxis, 3, 14, 38–45.

Wilkinson, R. & Pickett, K. (2009). The Spirit Level: Why more equal societies almost always do better. London: Penguin.

Willutzki, U. (2003). Ressourcen: Einige Bemerkungen zur Begriffsklärung. In H. Schemmel & J. Schaller (Hrsg.), Ressourcen: Ein Hand- und Lesebuch zur therapeutischen Arbeit (S. 91–109). Tübingen: dgvt.

Zarbock, G., Ammann, A. & Ringer, S. (2012). Achtsamkeit für Psychotherapeuten und Berater. Weinheim: Beltz.

# Anhang

## Ansatzpunkte zur Aktivierung der sechs psychischen Ressourcen zur Förderung nachhaltiger Lebensstile

|  | Genussfähigkeit | Selbstakzeptanz | Selbstwirksamkeit |
|---|---|---|---|
| Zielgruppen mit guten Voraussetzungen zur Aktivierung der Ressource | Initiativen zur Erhöhung der Lebensqualität vor Ort (z. B. Urban Gardening), Initiativen zur Kultivierung von Essen und Trinken (z. B. Slow Food), Natur- und Wandervereine | (nicht über äußere Merkmale oder Gruppenzugehörigkeiten identifizerbar) | Personen in Führungspositionen, Selbständig Tätige, Initiativen zur Subsistenzwirtschaft |
| Vermittlung des inhaltlichen Bezuges zur Nachhaltigkeit über: | Orientierung an Zeitwohlstand, Regionalität und Saisonalität zur Intensivierung körperlich-sinnlicher Genusserfahrungen | Sensibilisierung für kompensatorische und statusexpressive Formen des Konsums | Stärkung der Überzeugungen zur politischen Einflussnahme und zur Veränderbarkeit gesellschaftlicher (Natur) Verhältnisse |
| Aktivierung wird am ehesten durch folgende Ressourcen unterstützt: | Achtsamkeit | Selbstwirksamkeit | Selbstakzeptanz |
| Gefahren bei einer isolierten Aktivierung: | Materialismus | Narzissmus | Egoismus |
| Vermeidung dieser Gefahr durch: | Achtsamkeit, Sinnkonstruktion | Solidarität | Sinnkonstruktion, Solidarität |

| | *Achtsamkeit* | *Sinnkonstruktion* | *Solidarität* |
|---|---|---|---|
| *Zielgruppen mit guten Voraussetzungen zur Aktivierung der Ressource* | TeilnehmerInnen von Maßnahmen zur Stressprävention und -bewältigung sowie zur Work-Life-Balance, Meditations- und Yogapraktizierende | Religiöse und spirituelle Gruppen, Menschen in biographischen Umbruchsituationen, Menschen in beruflichen Coachingprozessen | Unternehmen mit Corporate Social responsibility, Menschenrechts-, Tierschutz- und Umweltorganisationen, Genossenschaften, Tauschringe, Social Banking |
| *Vermittlung des inhaltlichen Bezuges zur Nachhaltigkeit über:* | Aufbrechen automatisierter und nicht nachhaltiger Denk- und Verhaltensgewohnheiten, Erfahrbarmachen des Eigenwertes von Natur | Reflexion des Eingebundenseins des Menschen in überindividuelle Zusammenhänge, z.B. in Gesellschaft, Natur oder Religion | Erweiterung der Solidarität auf nachfolgende Generationen |
| *Aktivierung wird am ehesten durch folgende Ressourcen unterstützt:* | (erfordert einen eigenen Weg der Aktivierung, der durch andere Ressourcen nicht direkt unterstützt werden kann) | Achtsamkeit | Sinnkonstruktion |
| *Gefahren bei einer isolierten Aktivierung:* | einseitige Anpassung an ungünstige äußere Verhältnisse | zwanghaftes Reflektieren | Vernachlässigung eigener Bedürfnisse |
| *Vermeidung dieser Gefahr durch:* | Selbstwirksamkeit, Solidarität | Genussfähigkeit, Achtsamkeit | Genussfähigkeit, Selbstakzeptanz |

# Nachhaltigkeit von A-Z

## A wie andere Wirtschaft

Die Mehrheit der Menschen in Deutschland – 88 Prozent laut Emnid-Umfrage – traut unserem derzeitigen Wirtschaftssystem nicht mehr zu, die ökonomischen Probleme des 21. Jahrhunderts zu lösen. Was aber ist die Alternative? Dieses Buch stellt sie vor: Eine Wirtschaft, die die Würde des Menschen, das Gemeinwohl und die Solidarität in den Mittelpunkt stellt. Eine andere Wirtschaft ist möglich!

Akademie Solidarische Ökonomie (Hrsg.)
H. Bender, N. Bernholt, B. Winkelmann
**Kapitalismus und dann?**
Systemwandel und Perspektiven gesellschaftlicher Transformation
244 Seiten, broschiert, 19,95 Euro,
ISBN 978-3-86581-304-6

## S wie Suffizienz

Effizienzsteigerungen allein reichen nicht aus, um Ressourcenverbrauch und $CO_2$-Ausstoß zu senken. Wir müssen unser Konsumverhalten insgesamt überdenken. Manfred Linz erklärt nicht nur, warum wir einen genügsameren Lebensstil pflegen sollten. Er zeigt auch, dass mehr Suffizienz auch mehr Gerechtigkeit bringt – und beschreibt anschaulich ihre praktische Umsetzung.

M. Linz
**Weder Mangel noch Übermaß**
Warum Suffizienz unentbehrlich ist
146 Seiten, broschiert, 19,95 Euro,
ISBN 978-3-86581-399-2

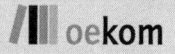

**oekom**

Bestellen Sie versandkostenfrei innerhalb Deutschlands unter www.oekom.de, oekom@verlegerdienst.de

# Nachhaltigkeit von A-Z

## L wie Lebenswege

Wer Neues schaffen will, muss oft genug Widerstände und institutionelle Schranken überwinden. Das Leben herausragender Denker(innen) des 20. Jahrhunderts, aber auch Selbstportraits zeitgenössischer Künstler(innen) und Wissenschaftler(innen) zeigen, wie gerade produktive Zweifel und unangepasstes Handeln Richtungsweisendes und Bleibendes hervorbringen.

E. A. Wiecha
**Disziplinlos**
Eigensinnige Lebensbilder zwischen Wissenschaft und Kunst
334 Seiten, broschiert, 24,95 Euro, ISBN 978-3-86581-422-7

## A wie Alternative

Weltweit definieren sich die Menschen zunehmend über den Konsum. So hat sich eine weit verbreitete konsumistische Kultur entwickelt, die eng mit unserem Wirtschaftssystem verwoben ist. Dies ist aber keineswegs schicksalhaft. Alternativen zum Konsumismus sind möglich – außerhalb und auch innerhalb etablierter Strukturen und Lebenswelten.

F. Hochstrasser
**Konsumismus**
Kritik und Perspektiven
364 Seiten, broschiert, 19,95 Euro, ISBN 978-3-86581-326-8

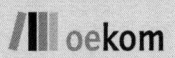

**oekom**

Bestellen Sie versandkostenfrei innerhalb Deutschlands unter www.oekom.de, oekom@verlegerdienst.de

# Weg mit dem Wohl-standsschrott!

Noch kann die Welt nicht von der Droge »Wachstum« lassen. Aber die Diskussion über das Ende der Maßlosigkeit nimmt an Fahrt auf. Der Nachhaltigkeitsforscher Niko Paech liefert dazu die passende Streitschrift, die ein »grünes« Wachstum als Mythos entlarvt. In seinem Gegenentwurf, der Postwachstumsökonomie, fordert er industrielle Wertschöpfungsprozesse einzuschränken und lokale Selbstversorgungsmuster zu stärken. Ein Plädoyer für eine entschleunigte und entrümpelte Welt.

N. Paech
**Befreiung vom Überfluss**
Auf dem Weg in die Postwachstumsökonomie
144 Seiten, Hardcover, 14,95 Euro
ISBN 978-3-86581-181-3

**/III oekom**
Die guten Seiten der Zukunft

Bestellen Sie versandkostenfrei innerhalb Deutschlands unter www.oekom.de, oekom@verlegerdienst.de